zs

München
1. Auflage 2011
ISBN 978-3-89883-298-4

Grafische Gestaltung	Claudia Wolff, Jürgen Endriß (Netzwerk GbR)
Foodfotografie	Eising Studio | Food Photo & Video, Martina Görlach (Rezeptfotos; Requisite: Ulla Krause), Andrea Kramp & Bernd Gölling (Stepfotos)
Foodstyling	Michael Koch (Rezeptfotos), Christiane Steinfeld (Stepfotos)
Porträtfotos	Foto Sessner
Rezeptbearbeitung	Monika Reiter, Susanne Lang
Rezepte (Mitarbeit)	Gerlinde Hans, André Schellenberg
Redaktion	Sarah Fischer, Eva-Maria Hege, Martina Solter
redaktionelle Mitarbeit	Regina Rautenberg
Vorwort	Rudolf Bögel
Herstellung	Karin Mayer, Peter Karg-Cordes
Lithografie	Christine Rühmer
Druck & Bindung	Mohn media Mohndruck GmbH, Gütersloh

Beim Druck dieses Buchs wurde durch den innovativen Einsatz der Kraft-Wärme-Kopplung im Vergleich zum herkömmlichen Energieeinsatz bis zu 52% weniger CO_2 emittiert. *Dr. Schorb, ifeu.Institut*

In Zusammenarbeit mit dem Bayerischen Fernsehen
mit Lizenz durch die BRW-Service GmbH

Besuchen Sie uns auch im Internet unter www.zsverlag.de

Alfons Schuhbeck * Angelika Schwalber

Feines aus dem Ofen

herzhaft & süß

ZABERT SANDMANN

Inhalt

Zwei Meister am Ofen

Ein Ofen in der Küche war in Bayern immer schon mehr als nur ein Gerät, mit dem bloß gebacken oder gebraten wurde. So ein Holzofen war das Zentrum des Hauses, ein gemütlicher Treffpunkt für die ganze Familie. Da ist die Oma gesessen und hat gestrickt, da haben die Kinder gespielt, die Männer am Tisch daneben gekartelt und die Katzen sich auf dem Bankerl eingerollt. Und was gibt's Schöneres, als sich im Winter an einen warmen Ofen zu kuscheln, wenn's draußen klirrend kalt ist – was meinst du, Alfons?

Ja, Angelika, da kann ich dir nur recht geben. Der Ofen ist was Urgemütliches und eigentlich schon mehr ein bayerisches Kulturgut als ein Küchengerät. Das fängt ja schon bei der Sprache an: Wenn du in Bayern nix zu essen kriegst, dann sagt man: »Der schaut mit dem Ofenrohr ins Gebirg.« Und wenn es dann doch was zum Essen gibt – ist es nicht erst ganz besonders fein, wenn es aus dem Rohr kommt, ofenfrisch auf den Tisch? Eine zarte Ente, ein g'schmackiges Ganserl oder ein rescher Schweinsbraten ist doch aus dem Ofen unschlagbar.

Ach, wenn der Alfons das sagt, dann kriegt man allein schon beim Zuhören einen herzhaften Hunger. Aber als gelernte Konditorin muss ich sagen: Für das Süße ist der Ofen fast noch wichtiger als für das Herzhafte. Das fängt bei den Platzerl an und hört beim Kuchen auf. Ohne Ofen kriegt man halt (fast) nix gebacken.

Herzhaft und süß, kochen und backen, Feines aus dem Ofen – das ist das Motto dieses Kochbuchs. Bei uns prallen die unterschiedlichsten Geschmäcker aufeinander. Da trifft der Mohn-Apfel-Taler auf ein Rinderfilet im Strudelteig, und die Nussecken treten gegen ein original bayerisches Bierbratel an. Und was Feinschmecker längst wissen: Gegensätze ziehen sich an, das Herzhafte mag halt das Süße, und das Süße steht auf das Herzhafte. Probieren Sie unsere Spezialitäten – und am besten hintereinander, immer wieder abwechselnd! Dabei sind uns bei unseren Rezepten drei Dinge besonders wichtig: Erstens muss es natürlich schmecken, zweitens müssen die Geschmäcker überraschen. Und drittens – und das ist uns fast am wichtigsten: Es nützt einem das raffinierteste Rezept nichts, wenn es nicht gelingt. Bei uns ist also garantiert alles nachkochbar und nachbackbar. Und jetzt bleibt uns nur noch zu sagen: Back mas! Lassen wir den Ofen glühen – damit aus unserem Rohr der Rauch aufsteigt...

Ihre Angelika Schwalber und Ihr Alfons Schuhbeck

Alfons Schuhbecks kleine Kochschule

Adventshollandaise herstellen

Sauce hollandaise ist die »Königin« unter den Saucen. Sie stammt aus der französischen Küche und wird gerne als Beilage zu exquisiten Gerichten wie Spargel, Fisch und Krustentiere oder zu Kurzgebratenem gereicht. Lassen Sie sich nicht abschrecken, die Zubereitung im Wasserbad ist leichter, als Sie denken, und erfordert nicht viel Übung. Und variieren lässt sich die Sauce auch ganz einfach: Mit etwas Estragon wird daraus eine Sauce béarnaise oder – wie hier – mit allerei Gewürzen eine weihnachtliche Variante.

1 Für die Reduktion 1 fein gewürfelte Schalotte mit 50 ml Weißwein, 2 bis 3 Scheiben Knoblauch, 2 Scheiben Ingwer und 1 Stück ausgekratzter Vanilleschote in einem kleinen Topf aufkochen und fast vollständig einkochen lassen.

2 3 Eigelbe in eine Metallschüssel geben. 75 ml Brühe zur Reduktion hinzufügen und durch ein feines Sieb zu den 3 Eigelben in der Schüssel gießen. In einem kleinen Topf 125 g Butter aufschäumen lassen.

3 Die Schüssel mit den Eigelben und der Gewürzbrühe in ein heißes Wasserbad setzen und mit dem Schneebesen oder den Quirlen des Handrührgeräts zu einem feinporigen Schaum aufschlagen.

4 Die Schüssel vom Wasserbad nehmen und die warme, zerlassene Butter erst tropfenweise, dann im dünnen Strahl unter die Schaummasse rühren. Die Schaummasse muss dabei die Butter binden.

5 Alternativ kann man auch 125 g kühlschrankkalte Butter in Würfel schneiden und nach und nach unter die Schaummasse auf dem Wasserbad rühren.

6 Je 1 TL Pfeffer- und Korianderkörner, Zimtsplitter, Fenchel- und Kümmelsamen in eine Gewürzmühle füllen. Die Adventshollandaise mit 2 EL brauner Butter, Salz, 1 Spritzer Zitronensaft und der Gewürzmischung verfeinern.

Saucenansatz für (Kalbs-)Braten

Was wäre ein saftiger Braten ohne Sauce? Beim Braten des Fleisches entsteht zunächst lediglich ein Bratensaft. Deshalb brät man reichlich Röstgemüse sowie etwas Tomatenmark in Fett an. Beides gibt Aroma, Farbe und Röststoffe ab, die durch das Ablöschen mit Wein und Brühe gelöst werden. Während der Garzeit gibt der Braten seinen Fleischsaft dazu – und fertig ist die Bratensauce, die nach Belieben durch ein Sieb passiert wird und anschließend einreduziert und mit Stärke bzw. Butter gebunden werden kann.

1 Etwa 1 kg flache Kalbsschulter (Schaufelbug; küchenfertig) in einer Pfanne in 1 EL Öl rundum anbraten und aus der Pfanne nehmen. Den Backofen auf 160 °C vorheizen.

2 2 Zwiebeln schälen, 1 kleine Karotte und 100 g Knollensellerie putzen und schälen. Das Gemüse in 1 cm große Würfel schneiden und im verbliebenen Bratfett andünsten.

3 1 bis 2 TL Puderzucker in einen Bräter stäuben und hell karamellisieren. 1 EL Tomatenmark dazugeben und kurz anrösten.

4 Mit 100 ml Rotwein ablöschen und sirupartig einkochen. Nach und nach weitere 200 ml Wein dazugeben und jeweils einkochen lassen.

5 Das Gemüse und 1 l Hühnerbrühe (oder Kalbsfond) in den Bräter geben.

6 Die Kalbsschulter daraufsetzen und zugedeckt im Backofen auf der mittleren Schiene etwa 1 1/2 Stunden schmoren.

Fisch filetieren und garen

Heimische Fische wie Forellen, Lachsforellen und Saiblinge gehören zu den feinsten Speisefischen. Sie lassen sich im Ganzen braten, grillen oder pochieren, müssen dann aber bei Tisch filetiert werden, was etwas Übung und Geschick erfordert. Grätenfreie Filets dagegen machen das Fischessen zum reinen Vergnügen: Dank der Vorarbeit im rohen Zustand kommt der fertig zubereitete Fisch in einer ansprechenden Form auf den Teller und kann – z.B. mit Gewürzbutter bestrichen – sofort genossen werden.

1 Den ausgenommenen Fisch auf ein Brett legen und direkt hinter den Kiemen mit einem scharfen Messer bis zur Mitte einschneiden.

2 Mit einem Filetiermesser unter dem Filet an der Mittelgräte entlangschneiden und das Filet dabei ablösen. Das zweite Filet ebenso von der Mittelgräte lösen. Kopf, Schwanzflosse und Mittelgräte entfernen.

3 Die Filets mit der Fleischseite nach oben auf das Brett legen und die Bauchgräten mit dem Messer abschneiden.

4 Die Stehgräten (kleinere Gräten) mit einer Pinzette aus den Fischfilets herausziehen. Die Fischfilets nach Belieben häuten. Filets waschen und trocken tupfen. Den Backofen auf 80 °C vorheizen.

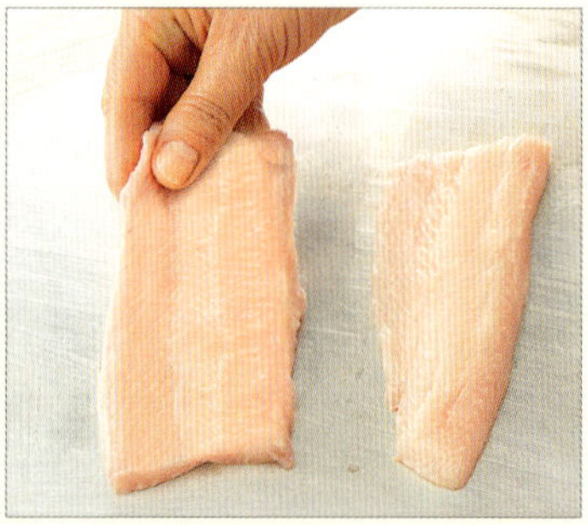

5 Ein Backblech mit Butter einfetten. Die Fischfilets evtl. halbieren und nebeneinander auf das Blech legen. Mit Frischhaltefolie bedecken und die Filets im Ofen auf der mittleren Schiene je nach Dicke 10 bis 20 Minuten garen.

6 3 EL braune Butter mit 1/4 ausgekratzter Vanilleschote, 3 Scheiben Ingwer und 1 Knoblauchzehe (in Scheiben) in einem kleinen Topf erwärmen. Mit Chilisalz würzen. Die gegarten Fischfilets mit der Gewürzbutter bestreichen.

Steaks braten

Beim zartesten und teuersten Stück vom Rind müssen zwei Dinge passen – die Fleischqualität und die Garmethode. Eine besonders schonende Zubereitungsart ist das kurze Anbraten in der Pfanne und sanftes Fertiggaren bei moderater Hitze im Backofen. Das Ergebnis: ein herrlich saftiges, rosa Steak!

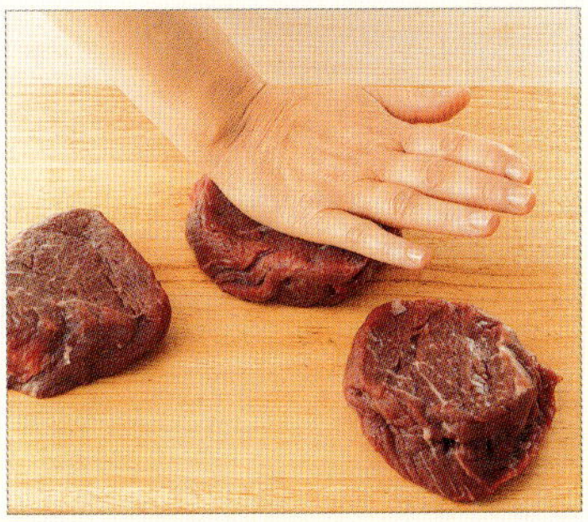

1 Den Backofen auf 100 °C vorheizen. Die dicken Filetsteaks (à 3 bis 4 cm Dicke) mit dem Handballen etwas flach drücken.

2 Die Steaks bei mittlerer Hitze auf beiden Seiten in 1 EL Öl kurz anbraten. Dann auf die Ränder stellen und diese ebenfalls anbraten.

3 Steaks auf dem Ofengitter mit dem Abtropfblech darunter auf der mittleren Schiene im Ofen etwa 50 Minuten garen. Mit Salz und Pfeffer würzen.

Roastbeef braten

Gartabellen, »viel Gefühl« oder die Daumendruckprobe – es gibt diverse Möglichkeiten ein Roastbeef auf den Punkt zu garen. Am verlässlichsten ist die Verwendung eines Bratenthermometers. Bei einer Kerntemperatur von 50 °C ist das Fleisch noch blutig, bei 60 °C medium und bei 80 °C durchgebraten.

1 Den Backofen auf 100 °C vorheizen. Das Roastbeef (1 kg) in einer Pfanne in 1 EL Öl rundum bei mittlerer Hitze hellbraun anbraten.

2 Das Roastbeef auf dem Ofengitter mit dem Abtropfblech darunter auf der mittleren Schiene im Ofen gut 2 Stunden garen.

3 Gegen Ende der Garzeit das Fleischthermometer mittig in das Roastbeef stecken – bei 60 °C Kerntemperatur ist es medium.

KRÄUTERSPÄTZLE ZUBEREITEN

Den Schwaben sei Dank für die Erfindung der Spätzle! Als klassische Beilage zu Wildgerichten oder Braten, z.B. zur gefüllten Kalbsbrust, und in Form von Käsespätzle sind sie weithin bekannt. Die grünen Spätzle haben sich die Schwaben wahrscheinlich von den Italienern abgeschaut, die ihren Teigwaren mit Spinat bzw. Kräutern eine grüne Farbe verleihen. Traditionell werden Spätzle vom Brett ins Wasser geschabt, einfacher geht es mithilfe eines Spätzlehobels oder einer Spätzlepresse.

1 Für das Kräuterpesto 60 g Blattspinat verlesen, waschen und grobe Stiele entfernen. Den Spinat tropfnass in einem Topf zusammenfallen lassen. In ein Sieb abgießen, kalt abschrecken und ausdrücken. Den Spinat grob hacken.

2 1 EL Mandelblättchen in einer Pfanne hell rösten. 60 g gewaschene Kräuterblätter (z.B. Petersilie, Basilikum, Bärlauch, Kresse, Kerbel) mit Spinat, Mandeln, 1 TL geriebenem Parmesan, 1 Msp. gehacktem Knoblauch, 3 EL Olivenöl, 2 EL brauner Butter pürieren. Mit Zitronensaft, Salz und Pfeffer würzen.

3 Für die Spätzle 100 g Kräuterblätter (z.B. Petersilie, Basilikum, Bärlauch, Kresse, Kerbel) waschen, trocken schütteln und klein schneiden. 70 g Crème fraîche, 70 g saure Sahne, 5 Eier, 1 EL Öl und die Kräuterblätter im Mixer pürieren.

4 Das Kräuterpüree mit 500 g doppelgriffigem Mehl (Wiener Grießler), etwas Salz und frisch geriebener Muskatnuss mit den Knethaken des Handrührgeräts verkneten, bis der Teig Blasen wirft.

5 Reichlich Salzwasser zum Kochen bringen. Den Spätzlehobel kurz hineintauchen, den Teig in den Hobel füllen und die Spätzle in das siedende Wasser hobeln. Wenn die Spätzle an die Oberfläche steigen, einmal kurz aufkochen lassen, mit dem Schaumlöffel herausheben und kurz abtropfen lassen.

6 Die Spätzle in einer Pfanne noch einmal bei mittlerer Hitze kurz erwärmen und mit dem Kräuterpesto mischen.

Kartoffelpüree zubereiten

In Zeiten von Kartoffel-Fertigprodukten ist ein selbst gestampfter Kartoffelbrei oder ein feines, cremiges Kartoffelpüree eine echte Offenbarung. Für die richtige Konsistenz sorgen Milch und Butter, die – ganz wichtig – mit einem Kochlöffel unter die durchgepressten Kartoffeln gerührt werden. Nur so wird das Püree auch schön cremig und verkleistert nicht. Für geschmackliche Abwechslung sorgen Gewürze, Kräuter und Gemüse- oder Fruchtpürees, die zusätzlich unter das Kartoffelpüree gemischt werden.

1 1 kg Kartoffeln waschen und in reichlich Salzwasser mit 1/2 TL ganzem Kümmel weich kochen.

2 Die Kartoffeln abgießen und kurz ausdampfen lassen. Die Kartoffeln möglichst heiß pellen und durch die Kartoffelpresse in einen Topf oder eine Schüssel drücken.

3 1/4 l Milch erhitzen und mit dem Kochlöffel unter die durchgepressten Kartoffeln rühren. 1 EL Butter und 2 EL braune Butter (siehe Tipp S. 20) unterrühren. Das Püree mit Salz und 1 Prise frisch geriebener Muskatnuss würzen.

4 Für ein Zitronen-Kartoffel-Püree 1 unbehandelte Zitrone heiß waschen und trocken tupfen. Die Schale fein abreiben und unter das fertige Püree rühren. Das Püree passt zum gegrillten Lendensteak (siehe S. 73).

5 Für ein Spinat-Kartoffel-Püree 100 g jungen Blattspinat verlesen, waschen und abtropfen lassen, Stiele entfernen. Die Spinatblättchen unter das fertige Püree rühren. Das Püree passt zur glasierten Kalbsschulter (siehe S. 68).

6 Für ein Apfel-Kartoffel-Püree 1 Apfel vierteln, schälen, entkernen und in sehr kleine (3 bis 5 mm) Würfel schneiden. Die Apfelwürfel mit 2 EL Apfelmus unter das fertige Püree rühren. Das Püree passt zum Adventsgulasch (siehe S. 88).

Vorspeisen

Vorspeisen

Tellersülze von Meeresfischen mit Mango-Meerrettich-Salat

Zutaten für 4 Personen

Für das Gelee:
1/2 Karotte · 1/2 kleine Zwiebel
1/4 kleine Lauchstange (nur der weiße Teil)
1/2 Stange Staudensellerie
1/4 kleine Fenchelknolle
50 g Champignons
1 EL Olivenöl
1/2 TL Anislikör · 50 ml Weißwein
400 ml Gemüsebrühe
1 Knoblauchzehe (halbiert)
2 Scheiben Ingwer
1 kleines Lorbeerblatt
1 Streifen unbehandelte Zitronenschale
1 Zweig Thymian
5 Safranfäden · 1 EL Weinessig
Salz · Zucker · mildes Chilipulver
3 Blatt Gelatine

Für die Einlage:
2 EL mildes Olivenöl
150 g Lachsfilet (ohne Haut und Gräten)
150 g Wolfsbarschfilet (ohne Gräten)
150 g rosa Dorade (ohne Gräten)
mildes Chilisalz
je 1 EL feine Karotten-, Sellerie- und Zucchiniwürfel · Salz
2 EL geschälte, entkernte Tomatenwürfel (Concassée)

Für den Salat:
1 vollreife Mango
1–2 TL Sahnemeerrettich (aus dem Glas)
1–2 TL Limettensaft
1 Msp. abgeriebene unbehandelte Orangenschale
Salz · mildes Chilipulver

1 Für das Gelee die Karotte putzen und schälen. Die Zwiebel schälen, den Lauch, den Sellerie und den Fenchel putzen und waschen. Die Champignons putzen, falls nötig, mit Küchenpapier trocken abreiben. Alles in kleine Stücke schneiden.

2 Das Olivenöl in einem Topf erhitzen, Karotte, Zwiebel, Sellerie und Fenchel darin andünsten. Dann den Lauch und die Pilze hinzufügen und kurz mitdünsten. Mit Anislikör und Wein ablöschen. Die Brühe angießen und den Knoblauch, den Ingwer, das Lorbeerblatt, die Zitronenschale und den gewaschenen Thymian hinzufügen. Einmal aufkochen und am Siedepunkt 20 Minuten ziehen lassen. Safranfäden nach 10 Minuten hinzufügen.

3 Den Sud mit dem Essig, Salz und je 1 Prise Zucker und Chilipulver abschmecken, dann durch ein feines Sieb gießen. Die Gelatine nach Packungsanweisung in kaltem Wasser einweichen, ausdrücken und im heißen Sud auflösen. Im Kühlschrank gelieren lassen.

4 Für die Einlage den Backofen auf 80 °C vorheizen. Ein Backblech mit 1 EL Olivenöl einfetten. Die Fischsorten waschen, trocken tupfen und in mundgerechte Stücke schneiden. Auf dem Backblech verteilen, mit Frischhaltefolie bedecken und im Ofen auf der mittleren Schiene 10 bis 15 Minuten saftig durchziehen lassen. Aus dem Ofen nehmen und mit Chilisalz würzen. Die Karotten-, Sellerie- und Zucchiniwürfel in kochendem Salzwasser 1 bis 2 Minuten garen, in ein Sieb abgießen und kalt abschrecken. Gut abtropfen lassen.

5 Für den Salat von der Mango eine Hälfte am Stein entlang mit einem scharfen Messer abschneiden. Dann erst die Frucht schälen. Das Fruchtfleisch beider Hälften zuerst in Streifen, dann in 1 cm große Würfel schneiden, den Stein entfernen. Ein Viertel der Mangowürfel mit dem Sahnemeerrettich in einen hohen Rührbecher geben und mit dem Stabmixer pürieren, die restlichen Mangowürfel untermischen. Den Limettensaft und die Orangenschale dazugeben und den Salat mit Salz und 1 Prise Chilipulver würzen.

6 Die Gemüsewürfel mit den Tomatenwürfeln und dem restlichen Olivenöl mischen und mit Chilisalz würzen. Mittig auf tiefe Teller verteilen. Das Safrangelee darüberziehen, die Fischstücke darauflegen und den Mango-Meerrettich-Salat darüber verteilen.

Gewürz-Fladenbrot mit Geschnetzeltem

Zutaten für 8 Personen

Für das Fladenbrot:
150 ml Milch
1/4 Würfel Hefe (ca. 10 g)
500 g Weizenmehl
50 g Roggenmehl · 1 EL Salz
je 1/2 EL ganzer Kümmel, Korianderkörner, Fenchel- und Schwarzkümmelsamen

Für den Belag:
4 große Blätter Chinakohl
150 g Austernpilze
1 kleine rote Paprikaschote
400 g Schweinefilet
1/2 Bund Petersilie
1 TL Korianderkörner
1–2 EL braune Butter (siehe Tipp)
1–2 EL Sojasauce
1 EL Sherry (medium dry)
Chilisalz

Für den Sauerrahm-Dip:
1 EL eingelegter Ingwer
1 EL Ingwer-Einlegesud
1 EL Sahne
abgeriebene Schale von 1 unbehandelten Zitrone
1/2 Knoblauchzehe (fein gerieben)
200 g saure Sahne
Salz · Zitronensaft

Außerdem:
Mehl für die Bleche und die Arbeitsfläche

1 Für das Fladenbrot den Backofen auf 250 °C vorheizen. Die Milch leicht erwärmen, die Hefe zerbröckeln und in der Milch auflösen. Anschließend mit 200 ml lauwarmem Wasser, den beiden Mehlsorten und dem Salz zu einem glatten Teig verkneten und zugedeckt an einem warmen Ort 20 bis 30 Minuten gehen lassen.

2 Zwei Backbleche mit Mehl bestäuben. Den Teig auf der bemehlten Arbeitsfläche in 8 Portionen teilen und zu ovalen Fladen ausrollen. Auf die Bleche legen, mit einer Gabel mehrmals einstechen und zugedeckt weitere 15 Minuten gehen lassen. Die Fladenbrote dünn mit Wasser bestreichen, mit den Gewürzen bestreuen und im Ofen auf der untersten Schiene 10 bis 12 Minuten backen.

3 Für den Belag den Chinakohl putzen, waschen, gut abtropfen lassen und in Streifen schneiden. Die Austernpilze putzen, falls nötig, trocken abreiben und in Stücke schneiden. Die Paprikaschote längs halbieren, entkernen, waschen und in etwa 1 cm große Stücke schneiden. Das Schweinefilet in Streifen schneiden. Die Petersilie waschen, trocken schütteln und die Blätter abzupfen. Die Korianderkörner in eine Gewürzmühle füllen.

4 Die braune Butter in einer Pfanne erhitzen und die Fleischstreifen darin rundum anbraten. Den Chinakohl, die Austernpilze und die Paprika dazugeben und kurz mitbraten. Mit Sojasauce und Sherry ablöschen. Das Geschnetzelte mit Chilisalz und Koriander aus der Mühle würzen und die Petersilienblätter unterheben.

5 Für den Sauerrahm-Dip den Ingwer klein schneiden und mit dem Einlegesud, der Sahne, der Zitronenschale, dem Knoblauch und der sauren Sahne verrühren. Den Dip mit Salz, einigen Tropfen Zitronensaft und nach Belieben mit etwas Bratenfond vom Geschnetzelten abschmecken.

6 Die Fladen aus dem Ofen nehmen, das Geschnetzelte darauf verteilen und den Sauerrahm-Dip darüberträufeln.

Alfons Schuhbeck empfiehlt

Braune Butter hat ein wunderbar nussiges Aroma. Für etwa 200 g braune Butter 250 g Butter bei milder Hitze zerlassen, 10 Minuten köcheln lassen, bis sie goldbraun ist. Durch ein mit einem Küchenpapier ausgelegtes Sieb gießen, abkühlen lassen und in ein gut verschließbares Gefäß geben. Im Kühlschrank hält sie sich so mindestens 8 Wochen.

Quiche mit kleinem Salat

Zutaten für 10 kleine Tarteförmchen (ca. 10 cm Durchmesser)

Für den Teig:
200 g Mehl
50 g gemahlene Mandeln
1 TL Backpulver
1 gestr. TL Salz
frisch geriebene Muskatnuss
80 g wachsweiche Butter
1 Ei · 5 EL Weißwein

Für die Füllung:
100 g gekochter Hinterschinken (am Stück)
2 dünne Lauchstangen
1 kleine Zwiebel
1 EL braune Butter (siehe Tipp S. 20)
50 g Hartkäse (fein gerieben; z. B. franz. Emmentaler)
mildes Chilipulver
120 g Frischkäse
120 g Sahne
50 ml Milch
2 Eier · 1 Eigelb
Salz · Pfeffer aus der Mühle
frisch geriebene Muskatnuss

Für den Salat:
2–3 EL Olivenöl
1 EL Zitronensaft
Salz · Pfeffer aus der Mühle
120 g gemischte Salat- und Kräuterblätter (gewaschen; z. B. Feldsalat, Frisée, Basilikum)

Außerdem:
Butter für die Förmchen
Mehl für die Arbeitsfläche
getrocknete Hülsenfrüchte zum Blindbacken
1 Eiweiß zum Bestreichen

1 Für den Teig das Mehl, die Mandeln, das Backpulver und das Salz mischen, mit etwas Muskatnuss würzen und mit der Butter, dem Ei und dem Wein rasch zu einem glatten Teig verkneten. Zu einem flachen Ziegel formen, in Frischhaltefolie wickeln und mindestens 30 Minuten kühl stellen.

2 Für die Füllung den Schinken in etwa 1/2 cm große Würfel schneiden. Den Lauch längs halbieren, gründlich waschen und quer in Streifen schneiden. Die Zwiebel schälen, halbieren und in feine Streifen schneiden. Die braune Butter in einer großen Pfanne erhitzen, die Zwiebel und den Lauch bei mittlerer Hitze darin andünsten. Die Schinkenwürfel dazugeben und kurz erwärmen. Alles in eine Schüssel geben, den Käse untermischen und mit 1 Prise Chilipulver würzen.

3 Den Frischkäse, Sahne, Milch, Eier und Eigelb in einen hohen Rührbecher geben und mit dem Stabmixer pürieren. Mit Salz, Pfeffer und 1 Prise Muskatnuss würzen.

4 Die Tarteförmchen mit Butter einfetten. Den Teig in 10 gleich große Portionen teilen und auf der bemehlten Arbeitsfläche dünn ausrollen. Die Tarteförmchen vollständig damit auslegen und 30 Minuten kühl stellen.

5 Den Backofen auf 200 °C vorheizen. Den Teig mit einer Gabel mehrmals einstechen, mit Backpapier belegen und mit Hülsenfrüchten zum Blindbacken auffüllen. Im Ofen auf der mittleren Schiene 10 Minuten backen. Die Förmchen herausnehmen, das Papier mit den Hülsenfrüchten entfernen und den Teig weitere 15 Minuten backen. Die Böden mit dem verquirlten Eiweiß bestreichen und 1 bis 2 Minuten weiterbacken.

6 Die Temperatur auf 180 °C herunterschalten. Die Lauchmischung auf den vorgebackenen Böden verteilen und die Eiersahne darübergießen. Die Quiches im Ofen auf der untersten Schiene etwa 20 Minuten goldbraun backen.

7 Für den Salat das Olivenöl mit dem Zitronensaft, Salz und Pfeffer zu einem Dressing verrühren und die Salat- und Kräuterblätter damit marinieren.

8 Die Quiches aus dem Ofen nehmen, kurz abkühlen lassen und vorsichtig aus den Förmchen stürzen. Auf vorgewärmten Tellern anrichten und den Salat auf den kleinen Quiches verteilen.

Minipastete mit Brezenwürfeln auf Chili-Senf-Sauce

Zutaten für 4 Personen

Für die Pastete:
1/2 – 1 EL Totentrompeten
100 g gekochter Hinterschinken (am Stück)
1 Laugenstange
2 EL braune Butter (siehe Tipp S. 20)
300 g Schweinswürstelbrät (ersatzweise Kalbsbrät)
80 g Sahne
1 EL Petersilie (frisch geschnitten)
Salz · Pfeffer aus der Mühle

Für die Sauce:
1 TL Puderzucker
80 ml Weißwein
1 kleine geschälte Kartoffel
300 ml Gemüsebrühe
gemahlene Kurkuma
150 g Sahne
1 TL Dijonsenf
Salz · milde Chiliflocken
1/2 TL abgeriebene unbehandelte Zitronenschale

Für den Kräutersalat:
1 Handvoll Kräuterblätter (gewaschen; z. B. Kerbel, Basilikum, rotes Basilikum, Petersilie, rote Kresse)
1 TL Zitronensaft
1 EL mildes Olivenöl
mildes Chilisalz

Außerdem:
4 Wachteleier

1 Für die Pastete die Totentrompeten in einem Topf in wenig Wasser aufkochen, vom Herd nehmen und 10 bis 15 Minuten ziehen lassen. Die Pilze in ein Sieb abgießen, abtropfen lassen und klein schneiden. Den Schinken in 1/2 cm große Würfel schneiden.

2 Die Laugenstange in 1/2 cm große Würfel schneiden. Die braune Butter in einer Pfanne erhitzen und die Laugenstangenwürfel darin rundum goldbraun anbraten. Herausnehmen, auf Küchenpapier abtropfen und abkühlen lassen.

3 Den Backofen auf 100 °C vorheizen. Ein tiefes Bachblech auf die unterste Schiene schieben und etwa 1 cm hoch Wasser einfüllen.

4 Das Schweinswürstelbrät mit der Sahne glatt rühren, Totentrompeten, Schinken, Petersilie und Brezenwürfel hineinrühren und, falls nötig, mit Salz und Pfeffer nachwürzen. Die Masse in einen Spritzbeutel ohne Tülle füllen. Die Brätmasse in 4 Souffléförmchen (à 120 ml Inhalt) spritzen, diese auf einem Küchentuch etwas klopfen, damit sich die Masse setzt und Luft entweichen kann. Die Oberflächen glatt streichen. Die Förmchen in das Wasserbad stellen und die Pasteten im Ofen etwa 1 Stunde garen.

5 Inzwischen für die Sauce den Puderzucker in einem Topf bei mittlerer Hitze hell karamellisieren, mit dem Wein ablöschen und einköcheln lassen. Die Kartoffel in 1 cm große Würfel schneiden. Die Brühe mit 1 Prise Kurkuma in einem Topf erhitzen und die Kartoffel darin knapp unter dem Siedepunkt mehr ziehen als köcheln lassen. Mit dem Stabmixer pürieren. Die Sahne mit dem Senf zu der pürierten Kartoffel geben, die Weinreduktion hinzufügen und die Sauce mit Salz, 1 Prise Chiliflocken und der Zitronenschale abschmecken.

6 Für den Kräutersalat die Kräuterblätter mit dem Zitronensaft und dem Olivenöl mischen und mit Chilisalz würzen. Die Wachteleier knapp 3 Minuten kochen, kalt abschrecken und pellen.

7 Die Pasteten aus der Form stürzen und in Scheiben schneiden. Mit dem Kräutersalat garnieren und die Senfsauce außen herumträufeln. Die Wachteleier halbieren und anlegen. Oder die Pasteten in der Form servieren. Salat dazu reichen.

Lauwarmer Ziegenfeta auf winterlichem Salat

Zutaten für 4 Personen

Für den Salat:
1 EL Rosinen
3 EL heißer Schwarztee
3 EL Aceto balsamico
1/2 TL Dijonsenf
5 EL mildes Olivenöl
2 EL Granatapfelkerne
1 EL Kapern
Salz · Pfeffer aus der Mühle
Zucker
6 Zweige Grünkohl
1 Schwarzwurzel

Für den Feta:
250 g Ziegenfeta (ersatzweise Feta aus Kuhmilch)

Außerdem:
80 g eingelegter Kürbis (in Würfeln; abgetropft)
2 EL Walnüsse (grob gehackt)

1 Für den Salat die Rosinen im heißen Tee 1 Stunde einweichen. Den Essig mit dem Senf und dem Olivenöl verrühren. Die Rosinen samt dem Tee-Einweichwasser, die Granatapfelkerne und die Kapern hinzufügen und mit Salz, Pfeffer und 1 Prise Zucker würzen. Ist Granatapfelsaft vorhanden, kann noch etwas davon zur Vinaigrette gegeben werden.

2 Den Grünkohl und die Schwarzwurzel waschen und abtropfen lassen. Vom Grünkohl die feinen Blätter von den harten Blattrippen abzupfen. Die Grünkohlblätter in Salzwasser 5 bis 6 Minuten blanchieren, kalt abschrecken und auf einem Sieb abtropfen lassen. Die Schwarzwurzel schälen, schräg in Scheiben schneiden und in Salzwasser bissfest garen. Kalt abschrecken und auf einem Sieb abtropfen lassen.

3 Für den Feta den Backofengrill einschalten. Den Feta auf ein mit Backpapier belegtes Backblech legen und im Ofen auf der mittleren Schiene 3 bis 4 Minuten erwärmen.

4 Die Grünkohlblätter, die Schwarzwurzeln und die Kürbisstücke mittig auf Tellern anrichten, die Vinaigrette darüberträufeln und die Walnüsse darüberstreuen. Den lauwarmen Feta auf den Salat legen.

Alfons Schuhbeck empfiehlt

Grünkohl hat einen besonders hohen Vitamin- und Mineralstoffgehalt. Bei traditionellen Zubereitungen wird er häufig sehr lange gekocht, sodass ein Großteil der Vitamine verloren geht. Zupft man jedoch die zarten Blätter von den harten Blattrippen, reichen ein paar Minuten Garzeit. So bleiben die wertvollen Inhaltsstoffe weitgehend erhalten und der Grünkohl behält seine kräftig grüne Farbe. Den gegarten Grünkohl können Sie wie hier als Salat marinieren oder Sie bereiten daraus eine warme Gemüsebeilage zu: Dafür den Grünkohl kurz in wenig Brühe mit Knoblauch und Ingwer erhitzen. Mit 1 EL kalter Butter, 1 Prise Chilisalz und Muskatnuss verfeinern. So passt er zu Fisch, Fleisch oder Wildgerichten.

WALLERSTRUDEL AUF ROTE-BETE-BIRNEN-SALAT

1 Für den Salat die Roten Beten schälen und in Wasser mit Salz, den ganzen Gewürzen, Knoblauch- und 5 Ingwerscheiben etwa 1 Stunde weich garen. In ein Sieb abgießen und 100 ml des Kochsuds beiseitestellen. Für die Marinade die Brühe mit dem Rote-Bete-Sud aufkochen. Die Speisestärke mit wenig kaltem Wasser glatt rühren und die Brühe damit binden. Vom Herd nehmen. Die restlichen Ingwerscheiben und die halbierten Knoblauchzehen hinzufügen, mit je 1 Prise Kümmel und Koriander würzen und 5 bis 10 Minuten ziehen lassen. Ingwer und Knoblauch wieder entfernen. Beide Sorten Essig und das Öl unterrühren. Mit Zucker, Salz und Pfeffer kräftig würzen.

2 Die Roten Beten in schmale Spalten, die Zwiebel in breite Spalten schneiden. Beides in eine Form geben, mit der Marinade mischen und mindestens 1 Stunde, besser über Nacht, ziehen lassen.

3 Für den Strudel das Lachsfilet waschen, trocken tupfen, in Würfel schneiden, mit Salz würzen und 5 Minuten in das Tiefkühlfach stellen. Mit Senf, je 1 Prise Chilipulver und Muskatnuss in den Blitzhacker geben und pürieren, bis die Masse bindet. Ein Drittel der Sahne hinzufügen und untermixen. Die restliche Sahne in zwei weiteren Portionen untermixen, dabei darauf achten, dass sich die Sahne mit der Fischmasse vollständig verbindet, bevor weitere Sahne hinzugefügt wird. Das Wallerfilet waschen, trocken tupfen, in 1 1/2 bis 2 cm große Würfel schneiden und mit dem Dill unter die Fischfarce mischen.

4 Zwei Strudelteigblätter mit Butter bestreichen und mit je einem weiteren Teigblatt belegen. Je die Hälfte der Fischfarce mittig auf einem Teigblatt zu einem länglichen Rechteck von etwa 2 1/2 cm Höhe aufstreichen. Die breiten Teigränder darüber zusammenklappen, die schmalen fest zusammendrücken und den überstehenden Teig bis auf 1 cm abschneiden. Den Backofen auf 100 °C vorheizen. Das Öl in einer Pfanne erhitzen und die Fischstrudel bei mittlerer Hitze rundum hell anbraten. Mit der Nahtseite nach unten auf ein Backblech legen und im Ofen 10 Minuten saftig durchziehen lassen.

5 Den Rote-Bete-Salat nochmals kurz durchmischen, die Zwiebel entfernen und den Salat, falls nötig, nochmals nachwürzen. Die Frühlingszwiebeln putzen, waschen und halbieren. Die Birne waschen, vierteln, entkernen und in Spalten schneiden. Den Puderzucker in eine Pfanne stäuben und bei mittlerer Hitze leicht karamellisieren. Die Birnenspalten hinzufügen und auf beiden Seiten anbraten. Die Frühlingszwiebeln dazugeben und kurz mitdünsten. Den Rote-Bete-Salat gegebenenfalls kurz anwärmen. Auf vorgewärmten Tellern anrichten und die Birnenspalten und Frühlingszwiebeln dazwischenlegen. Die Wallerstrudel in breite Stücke schneiden und danebenlegen.

Zutaten für 4 Personen

Für den Salat:
500 g Rote Beten
1 EL Salz
je 1 TL ganzer Kümmel, Fenchelsamen und Korianderkörner
2 Knoblauchzehen (in dicken Scheiben)
10 Scheiben Ingwer
200 ml Gemüsebrühe
1–2 TL Speisestärke
2 Knoblauchzehen (halbiert)
gemahlener Kümmel
gemahlener Koriander
3 EL Rotweinessig
1 EL Aceto balsamico
2 EL mildes Salatöl
Zucker
Salz · Pfeffer aus der Mühle
1/2 Zwiebel (geschält)
3 Frühlingszwiebeln
1 reife feste Birne
1 TL Puderzucker

Für den Strudel:
200 g Lachsfilet (ohne Haut und Gräten; eisgekühlt)
Salz
1/2–1 TL Dijonsenf
mildes Chilipulver
frisch geriebene Muskatnuss
200 g Sahne (eisgekühlt)
400 g Wallerfilet (ohne Haut und Gräten)
1–2 TL Dillspitzen (frisch geschnitten)
4 Strudelteigblätter (à ca. 20 x 20 cm; aus dem Kühlregal)
3–4 EL zerlassene Butter
2 EL Öl

Lachsfilet mit Fenchelsalat und Safran-Kapern-Dip

Zutaten für 4 Personen

Für den Fenchelsalat:
2 Fenchelknollen (ca. 600 g)
2 EL Orangensaft
Saft von 1/2 Zitrone
2 EL mildes Olivenöl
Salz · Pfeffer aus der Mühle
Zucker

Für den Safran-Kapern-Dip:
5 EL Gemüsebrühe
8 Safranfäden
150 g griechischer Joghurt
1–2 TL Kapern
1–2 TL Dillspitzen (frisch geschnitten)
1 Msp. abgeriebene unbehandelte Zitronenschale
1 Msp. fein geriebener Ingwer
Salz · Pfeffer aus der Mühle
frisch geriebene Zimtstange
mildes Chilipulver
Zucker

Für den Lachs:
4 Lachsfilets (à 200 g; ohne Haut und Gräten)
2 EL mildes Olivenöl
mildes Chilisalz

1 Für den Fenchelsalat den Fenchel putzen, waschen und quer in feine Scheiben hobeln. Das Fenchelgrün fein hacken und beiseitelegen. Die Fenchelscheiben in eine Schüssel geben. Den Orangen- und den Zitronensaft mit dem Olivenöl und dem Fenchelgrün verrühren, mit Salz, Pfeffer und 1 Prise Zucker würzen. Die Marinade über den Fenchel verteilen und den Salat 5 bis 10 Minuten ziehen lassen.

2 Für den Safran-Kapern-Dip die Brühe in einem Topf erhitzen und die Safranfäden 10 bis 15 Minuten darin ziehen lassen. Den Joghurt mit der Safranbrühe glatt rühren. Die Kapern mit dem Dill, der Zitronenschale und dem Ingwer in den Joghurt rühren. Mit Salz, Pfeffer, Zimt, je 1 Prise Chilipulver und Zucker abschmecken.

3 Für den Lachs den Backofen auf 100 °C vorheizen. Die Lachsfilets waschen und trocken tupfen. Mit einem Pinsel 1 bis 2 TL Öl in einer Pfanne verteilen und die Lachsfilets darin bei mittlerer Hitze etwa 2 Minuten anbraten. Wenden und auf der anderen Seite ebenfalls etwa 2 Minuten anbraten.

4 Die gebratenen Lachsfilets auf ein Backblech legen und im Ofen auf der mittleren Schiene etwa 15 Minuten saftig durchziehen lassen. Herausnehmen, mit dem restlichen Olivenöl bestreichen und mit Chilisalz würzen.

5 Den Fenchelsalat auf vorgewärmte Teller verteilen, den Safran-Kapern-Dip außen herumträufeln und die Lachfilets anlegen.

Alfons Schuhbeck empfiehlt

Safran ist wasserlöslich, d. h. er kann seine kräftige gelbe Farbe und seinen Geschmack am besten entfalten, wenn man ihn einige Minuten in warmer Flüssigkeit ziehen lässt, bevor er in fetthaltige Gerichte oder Produkte gerührt wird, wie hier in den griechischen Joghurt. Um sicherzugehen, dass es sich um echten Safran handelt, sollten Sie Safran in ganzen Fäden kaufen. Gemahlener Safran wird häufig mit Kurkuma gestreckt, die zwar für eine leuchtend gelbe Farbe sorgt, jedoch ein völlig anderes Aroma besitzt.

Forellenfilet auf Tomaten-Graupen-Salat

1 Für den Salat die Graupen mit reichlich Wasser, dem Ingwer, dem Lorbeerblatt, dem Safran, dem Knoblauch und der Vanilleschote in einen Topf geben, aufkochen lassen und 30 bis 40 Minuten garen. Anschließend in ein feines Sieb abgießen und gut abtropfen lassen. Die ganzen Gewürze wieder entfernen.

2 Die Tomaten kreuzweise einritzen, überbrühen, kalt abschrecken, häuten, vierteln und entkernen. Die Kerne in einen hohen Rührbecher geben, mit dem Stabmixer pürieren und durch ein feines Sieb passieren. Den Tomatensaft beiseitestellen. Die Tomatenviertel in kleine Stücke schneiden.

3 Die Schalotten schälen und in feine Würfel schneiden. Die Tomatenstücke mit den Graupen, dem Tomatensaft, der Zitronen- und Orangenschale und dem Olivenöl mischen. Mit dem Zitronensaft und je 1 Prise Chilisalz und Zucker abschmecken. Die Schalotten und die Schnittlauchröllchen dazugeben und alles gut mischen. Bei Bedarf vor dem Servieren noch etwas nachwürzen.

4 Für die Forelle den Backofen auf 80 °C vorheizen. Ein Backblech mit Butter einfetten. Die Fischfilets waschen, trocken tupfen, halbieren und nebeneinander auf das Blech legen. Mit Frischhaltefolie bedecken und die Filets im Ofen auf der mittleren Schiene je nach Dicke 10 bis 15 Minuten garen.

5 Für den Buttermilchschaum die Buttermilch, die saure Sahne und die Crème fraîche in einen hohen Rührbecher geben. Das Öl mit dem Stabmixer nach und nach unterrühren und aufschäumen. Den Buttermilchschaum mit Salz, je 1 Prise Chilipulver und Zucker und einigen Tropfen Zitronensaft abschmecken.

6 Die Fleischtomaten waschen und in Scheiben schneiden, dabei die Stielansätze entfernen. Den Tomaten-Graupen-Salat auf großen Tellern anrichten. Die Forellenfilets mit brauner Butter bestreichen, mit Chilisalz würzen und auf den Salat setzen. Den Buttermilchschaum nochmals mit dem Stabmixer aufschäumen und darum herumträufeln. Die Fleischtomatenscheiben seitlich anlegen.

Zutaten für 4 Personen

Für den Salat:
2 EL Perlgraupen
2 Scheiben Ingwer
1 Lorbeerblatt
5 Safranfäden
1 Knoblauchzehe (in Scheiben)
1/4 Vanilleschote
8 Tomaten
2 Schalotten
je 1 Msp. abgeriebene unbehandelte Zitronen- und Orangenschale
4 EL mildes Olivenöl
1 EL Zitronensaft
Chilisalz · Zucker
1 EL Schnittlauchröllchen

Für die Forelle:
Butter für das Blech
6 Forellenfilets (à 80 – 100 g; ohne Haut und Gräten)
1 – 2 EL zerlassene braune Butter (siehe Tipp S. 20)
mildes Chilisalz

Für den Buttermilchschaum:
150 g Buttermilch
80 g saure Sahne
70 g Crème fraîche
6 EL mildes Olivenöl
Salz · mildes Chilipulver
Zucker · Zitronensaft

Außerdem:
2 Fleischtomaten (z. B. Ochsenherz, sardische Tomaten)

Saibling aus dem Ofen auf Kräutersalat

Zutaten für 4 Personen

Für die Sauce:
1 Handvoll Petersilie · Salz
150 g saure Sahne
1 EL Crème fraîche
2 EL frisch geschnittene Kräuter (z. B. Kerbel, Minze, Dill, Bärlauch, Basilikum)
1 TL Dijonsenf
1 Msp. geriebener Knoblauch
1 Msp. geriebener Ingwer
Zitronensaft · 1 Msp. abgeriebene unbehandelte Zitronenschale
mildes Chilisalz · Zucker

Für den Saibling:
Butter für das Blech
6 Saiblingsfilets (à 80 g; ohne Haut und Gräten)
3 EL braune Butter (siehe Tipp S. 20)
1/4 ausgekratzte Vanilleschote
3 Scheiben Ingwer
1 Knoblauchzehe (in Scheiben)
mildes Chilisalz

Für den Salat:
100 g kleine Salatblätter (z. B. Frisée, Rucola, rote und grüne Blattsalate)
2 Handvoll Kräuterblätter (z. B. Kresse, Dill, Basilikum)
1 EL Zitronensaft · 2 EL Olivenöl
Salz · Pfeffer aus der Mühle
1 Handvoll essbare Blüten (z. B. Stiefmütterchen, Gänseblümchen oder Kapuzinerkresse)

1 Für die Sauce die Petersilie waschen, in kochendem Salzwasser blanchieren und in ein Sieb abgießen. Kurz in kaltes Wasser tauchen und gut abtropfen lassen. Das überschüssige Wasser leicht ausdrücken. Die Petersilie fein hacken. Die saure Sahne mit der Crème fraîche, der Petersilie, den anderen Kräutern und dem Senf in einer Schüssel verrühren. Mit Knoblauch, Ingwer, einigen Tropfen Zitronensaft und der Zitronenschale würzen und mit je 1 Prise Chilisalz und Zucker abschmecken. Kühl stellen.

2 Für den Saibling den Backofen auf 80 °C vorheizen. Ein Backblech mit Butter einfetten. Die Fischfilets waschen, trocken tupfen, halbieren und nebeneinander auf das Backblech legen. Mit Frischhaltefolie bedecken und die Filets im Ofen auf der mittleren Schiene je nach Dicke 10 bis 20 Minuten garen.

3 Inzwischen für den Salat die Blattsalate und die Kräuter waschen und trocken schleudern. Für das Dressing den Zitronensaft und das Olivenöl in eine Schüssel geben, mit Salz und Pfeffer würzen und alles mit dem Schneebesen zu einem sämigen Dressing verrühren.

4 Für den Fisch die braune Butter mit der Vanilleschote, dem Ingwer und dem Knoblauch in einem kleinen Topf sanft erwärmen und mit Chilisalz würzen. Die gegarten Saiblingsfilets damit bestreichen.

5 Die Salatblätter und die Kräuter mit dem Dressing mischen und mit den essbaren Blüten dekorativ auf einem länglichen Teller als Salatbett anrichten. Die Kräutersauce als Streifen danebengeben und je 3 Saiblingsfiletstücke auf das Salatbett legen.

Alfons Schuhbeck empfiehlt

Wer die Saiblinge selbst filetiert und häutet (siehe S. 12), kann die Haut mitverwenden: In Stücke geschnitten und in einer Pfanne in etwas Öl zu knusprigen »Chips« gebraten, eignet sie sich wunderbar zum Dekorieren des Gerichts.

Perlhuhnbrust auf Gemüsesalat mit Pfirsich

Zutaten für 4 Personen

Für die Perlhuhnbrust:
4 Perlhuhnbrustfilets (à 120 g; mit Haut)
1–2 TL Öl
4 EL braune Butter (siehe Tipp S. 20)
1 Knoblauchzehe (in Scheiben)
3 Scheiben Ingwer
je 1/2–1 TL abgeriebene unbehandelte Zitronen- und Orangenschale
mildes Chilisalz

Für den Salat:
1 weiße Zwiebel
je 1 gelbe, orangefarbene und rote Paprikaschote
1 kleiner Zucchino
3 EL mildes Olivenöl
1/8 l Gemüsebrühe
1 Knoblauchzehe (ungeschält)
3 Scheiben Ingwer
1 Streifen unbehandelte Zitronenschale
2 Zweige Thymian
80 ml weißer Traubensaft
2–3 EL Weißweinessig
mildes Chilisalz
1 reifer, fester Pfirsich
1 TL Puderzucker

1 Für die Perlhuhnbrust den Backofen auf 100 °C vorheizen. Ein Ofengitter auf die mittlere Schiene und darunter ein Abtropfblech schieben. Die Perlhuhnbrustfilets waschen und trocken tupfen. Das Öl in einer Pfanne erhitzen und die Perlhuhnbrüste darin auf der Hautseite bei mittlerer Hitze knusprig anbraten. Wenden und kurz auf der Fleischseite ziehen lassen. Die Perlhuhnbrüste aus der Pfanne nehmen und auf dem Gitter im Ofen etwa 20 Minuten garen.

2 Für den Salat die Zwiebel schälen und in 1 bis 2 cm große Stücke schneiden. Die Paprikaschoten längs halbieren, entkernen und waschen. Die Paprikahälften mit dem Sparschäler schälen und in 1 bis 2 cm große Stücke schneiden. Den Zucchino putzen, waschen und längs halbieren. Die Hälften schräg in etwa 1/2 cm breite Scheiben schneiden.

3 In einer großen Pfanne 1 bis 2 TL Olivenöl erhitzen und die Zwiebel und die Paprikaschoten darin bei mittlerer Hitze andünsten. Die Brühe angießen und das Gemüse 7 bis 8 Minuten fast weich garen. Nach 5 Minuten Knoblauch, Ingwer, Zitronenschale und Thymian dazugeben. Das Gemüse in ein Sieb abgießen und den Sud auffangen.

4 Den Traubensaft auf ein Drittel einköcheln lassen und mit Essig, dem aufgefangenen Gemüsesud und dem restlichen Olivenöl verrühren. Mit Chilisalz würzen und das Gemüse damit marinieren. Die Gewürze wieder entfernen.

5 Den Pfirsich waschen, halbieren, entsteinen und die Hälften in Spalten schneiden. Den Puderzucker in einer Pfanne bei mittlerer Hitze hell karamellisieren. Die Pfirsichspalten dazugeben und auf beiden Seiten darin anbraten.

6 In einer Pfanne die braune Butter zerlassen und mit Knoblauch, Ingwer, Zitronen- und Orangenschale und Chilisalz würzen. Die gegarten Perlhuhnbrustfilets kurz in der Gewürzbutter wenden. Den Gemüsesalat auf vorgewärmte Teller verteilen. Die Perlhuhnbrüste schräg in Scheiben schneiden und darauf anrichten. Mit den Pfirsichspalten garnieren (Rezeptfoto siehe S. 16–17).

Alfons Schuhbeck empfiehlt

Anstatt der Perlhuhnbrüste können Sie natürlich auch Hähnchenbrustfilets verwenden. Garnieren Sie das Gericht zur Abwechslung auch einmal mit karamellisierten Nektarinenspalten.

SPARGEL MIT SCHWEINEMEDAILLONS UND MORCHELN

1 Für den Spargel den Backofen auf 200 °C vorheizen. Den Spargel schälen und die holzigen Enden abschneiden. Die Spargelstangen in eine große ofenfeste Form legen, die Brühe angießen und die Form mit Alufolie zudecken. Den Spargel im Ofen auf der mittleren Schiene je nach Dicke der Spargelstangen 30 bis 40 Minuten garen.

2 Inzwischen für die Morcheln die Pilze gründlich putzen, waschen und auf einem Küchentuch gut abtropfen lassen.

3 Den gegarten Spargel in 4 gleich große Bündel teilen und diese jeweils unterhalb der Köpfchen und an den Enden vorsichtig mit einem blanchierten Schnittlauchhalm zusammenbinden. Vom Spargelfond 150 ml abmessen und für die Sauce beiseitestellen.

4 Für die Sauce die Kartoffel in 1/2 cm große Würfel schneiden. Den Spargelfond und die Brühe in einem kleinen, hohen Topf aufkochen, die Kartoffelwürfel, das Lorbeerblatt und die Chilischote dazugeben und knapp unter dem Siedepunkt 15 bis 20 Minuten gar ziehen lassen. Lorbeer und Chili wieder entfernen. Die Sahne hinzufügen und die Sauce mit dem Stabmixer pürieren und aufschäumen. Die gehackten Kräuter untermischen und mit Salz, Pfeffer und Zitronenschale abschmecken.

5 Für die Morcheln in einer Pfanne 1 bis 2 TL braune Butter erhitzen und die Morcheln darin anbraten. Die Pilze mit dem Sherry ablöschen und mit Chilisalz würzen. Die restliche braune Butter dazugeben und schmelzen lassen.

6 Für die Medaillons das Schweinefilet in 8 Stücke schneiden und mit dem Handballen etwas flacher drücken. Die braune Butter in einer Pfanne erhitzen und die Medaillons darin bei mittlerer Hitze auf beiden Seiten 2 bis 3 Minuten anbraten. Den Rosmarin waschen und trocken schütteln. Die Pfanne vom Herd nehmen, den Rosmarin und den Knoblauch dazugeben und die Medaillons mit Chilisalz würzen.

7 Die Sauce auf vorgewärmte Teller verteilen, die Spargelpäckchen daraufsetzen und je 2 Schweinemedaillons und einige Morcheln danebenlegen.

Zutaten für 4 Personen

Für den Spargel:
2 Bund weißer Spargel
150 ml Gemüsebrühe
8 Schnittlauchhalme (blanchiert)

Für die Morcheln:
200 g frische kleine Morcheln (ersatzweise 2 EL getrocknete Morcheln)
1–2 EL braune Butter (siehe Tipp S. 20)
1 EL Sherry (medium dry)
Chilisalz

Für die Sauce:
1 mittelgroße, geschälte Kartoffel
100 ml Gemüsebrühe
1 Lorbeerblatt
1 kleine getrocknete Chilischote
70 g Sahne
je 1 Handvoll Kerbel- und Basilikumblätter (grob gehackt)
Salz · Pfeffer aus der Mühle
1 Msp. abgeriebene unbehandelte Zitronenschale

Für die Medaillons:
600 g Schweinefilet
1 EL braune Butter
1 Zweig Rosmarin
1 Knoblauchzehe (in Scheiben)
Chilisalz

Alfons Schuhbeck empfiehlt

Im hohlen Stiel und besonders in den vielen Waben der Morcheln lagert sich beim Wachsen häufig Erde ab, weshalb Sie diese Pilze – im Gegensatz zu den meisten anderen Sorten – immer gut waschen sollten.

Lammnuss auf Bohnensalat mit Ratatouille-Vinaigrette

Zutaten für 4 Personen

Für das Lamm:
1 EL Öl
1 Lammnuss (ca. 400 g; küchenfertig)
4 EL mildes Olivenöl
2 Knoblauchzehen (in dünnen Scheiben)
2 Scheiben Ingwer
1 Streifen unbehandelte Zitronenschale
1 Zweig Rosmarin
mildes Chilisalz

Für den Bohnensalat:
120 g grüne Bohnen
120 g Wachsbohnen
Salz
1 EL mildes Olivenöl
Pfeffer aus der Mühle

Für die Vinaigrette:
je 1/2 rote und gelbe Paprikaschote
1/2 Zucchino
1/2 Zwiebel
2 Tomaten
1 Zweig Thymian
3 EL mildes Olivenöl
1/2 TL Tomatenmark
200 ml Gemüsebrühe
1 Knoblauchzehe (fein gerieben)
1/2 TL Ingwer (fein gerieben)
Salz · Pfeffer aus der Mühle
Chilipulver
1–2 EL milder Weißweinessig

1 Für das Lamm den Backofen auf 100 °C vorheizen. Auf die mittlere Schiene ein Ofengitter und darunter ein Abtropfblech schieben. Das Öl in einer Pfanne erhitzen und das Lammfleisch darin rundum anbraten. Aus der Pfanne nehmen und auf dem Gitter im Ofen 2 Stunden rosa durchziehen lassen.

2 Für den Bohnensalat beide Bohnensorten putzen, waschen, abtropfen lassen und schräg in etwa 4 cm lange Stücke schneiden. Nacheinander in kräftig gesalzenem Wasser fast weich kochen, kalt abschrecken und abtropfen lassen. Mit dem Olivenöl mischen und mit Salz und Pfeffer würzen.

3 Für die Vinaigrette die Paprikaschoten entkernen, waschen und mit dem Sparschäler schälen. Den Zucchino putzen und waschen. Beides in 1/2 cm große Würfel schneiden. Die Zwiebel schälen und in feine Würfel schneiden. Die Tomaten kreuzweise einritzen, überbrühen, kalt abschrecken, häuten, vierteln und entkernen. Die Tomatenviertel in kleine Würfel schneiden. Die Kerne mit dem Stabmixer mixen und durch ein feines Sieb passieren. Den Tomatensaft beiseitestellen. Den Thymianzweig waschen und trocken schütteln.

4 In einer Pfanne 1 EL Olivenöl erhitzen und die Hälfte der Zwiebelwürfel mit der Hälfte der Paprikaschoten darin bei milder Hitze andünsten. Das Tomatenmark hineinrühren, den Tomatensaft und die Brühe angießen und am Siedepunkt etwa 20 Minuten ziehen lassen. Alles pürieren und durch ein grobes Sieb passieren. Den Knoblauch und den Ingwer dazugeben, mit Salz, Pfeffer und Chilipulver würzen. Den Thymianzweig hinzufügen, einige Minuten in der Vinaigrette ziehen lassen und wieder entfernen.

5 In einer Pfanne 1 EL Olivenöl erhitzen, das übrige Gemüse bei milder Hitze andünsten, in die Vinaigrette geben und einige Minuten darin ziehen lassen. In eine Schüssel füllen, den Essig und das restliche Olivenöl dazugeben und mit Salz, Pfeffer und Chilipulver nachwürzen.

6 Für das Lamm das Olivenöl in einer Pfanne mit dem Knoblauch, dem Ingwer, der Zitronenschale und dem gewaschenen Rosmarin erwärmen, mit Chilisalz würzen und die gegarte Lammnuss darin wenden. Die Bohnen auf vorgewärmte Tellern verteilen. Das Lammfleisch in dünne Scheiben schneiden und darauf anrichten. Die Ratatouille-Vinaigrette außen herumträufeln.

Snacks & kleine Gerichte

Steaksandwich mit Garnelen

Zutaten für 4 Personen

Für die Barbecuesauce:
100 ml Ananassaft
80 ml Espresso
300 g Tomatenketchup
1 EL Honig · Rauchsalz
milde Chiliflocken

Für das Sandwich:
1 TL Öl
2 dicke Rinderfiletsteaks
(à ca. 350 g; aus dem Mittelstück)
8 Riesengarnelen
2–3 EL mildes Olivenöl
1 Knoblauchzehe (in Scheiben)
2 Scheiben Ingwer
1 Stück ausgekratzte Vanilleschote
1/4 Zimtrinde
mildes Chilisalz
80 g weiche Butter
je 1/2 TL Oregano, Thymian, Bohnenkraut und Majoran
(alles getrocknet)
getrocknete Lavendelblüten
1/2 Knoblauchzehe (gerieben)
1 Msp. frisch geriebener Ingwer
1 geh. EL Weißbrotbrösel
4 große Scheiben Weißbrot
1–2 EL braune Butter
(siehe Tipp S. 20)

Außerdem:
4 Wachteleier
1–2 Handvoll Salatblätter
(geputzt und gewaschen)
einige Gurkenscheiben
1 Handvoll Cocktailtomaten
(gewaschen und halbiert)
1 Handvoll kleine Salat- und Kräuterblätter (gewaschen)

1 Für die Barbecuesauce den Ananassaft auf etwa ein Viertel einköcheln lassen. Den Espresso und den Ketchup dazugeben und die Sauce mit dem Honig und je 1 Prise Rauchsalz und Chiliflocken abschmecken.

2 Für das Sandwich den Backofen auf 100 °C vorheizen. Ein Ofengitter auf die mittlere Schiene und darunter ein Abtropfblech schieben. Das Öl in einer Pfanne erhitzen und die Steaks darin bei mittlerer Hitze auf beiden Seiten anbraten. Aus der Pfanne nehmen und auf dem Gitter im Ofen 40 bis 50 Minuten rosa garen.

3 Inzwischen die Garnelen schälen, am Rücken entlang einschneiden und den dunklen Darm entfernen. Die Garnelen waschen und trocken tupfen. In einer Pfanne 1 TL Olivenöl erhitzen und die Garnelen darin bei milder Hitze 1 bis 2 Minuten anbraten. Wenden, die Pfanne vom Herd nehmen und die Garnelen in der Resthitze gar ziehen lassen. Das restliche Olivenöl, den Knoblauch, den Ingwer, die Vanilleschote und den Zimt dazugeben, die Garnelen darin wenden und mit Chilisalz würzen.

4 Die weiche Butter mit dem Schneebesen hellschaumig schlagen. Die getrockneten Kräuter, 1 Prise Lavendelblüten, den Knoblauch, den Ingwer und die Weißbrotbrösel unter die Butter rühren und mit Chilisalz würzen. Die Brotscheiben mit der Kräuterbutter bestreichen und auf ein Backblech legen.

5 Die Wachteleier in kochendem Wasser knapp 3 Minuten garen, kalt abschrecken, pellen und halbieren. Die braune Butter in einer Pfanne leicht erwärmen und mit Chilisalz würzen. Die Steaks aus dem Ofen nehmen und in der Gewürzbutter wenden. Den Backofengrill einschalten. Die Brotscheiben im Ofen auf der obersten Schiene 2 bis 3 Minuten gratinieren.

6 Die Steaks in Scheiben schneiden. Die gratinierten Weißbrotscheiben mit den Salatblättern, den Steakscheiben und den Garnelen belegen und mit Gurkenscheiben, den Tomaten und den Wachteleiern garnieren. Die Barbecuesauce darüberträufeln und mit den Basilikumblättern bestreuen.

Sandwich aus dem Ofen mit Senf-Ingwer-Sauce

Zutaten für 4 Personen

Für die Senf-Ingwer-Sauce:
1 EL eingelegter Ingwer
80 ml Hühnerbrühe
80 g Sahne
1 EL Dijonsenf
1 EL süßer Senf
1 Msp. abgeriebene unbehandelte Orangenschale
2 EL kalte Butter
mildes Chilisalz

Für das Sandwich:
30 g Petersilie
30 g Spinat
Salz
1–2 EL mildes Olivenöl
4 EL Sahne
500 g Leberkäsbrät
1/2–1 gestr. TL milde Chiliflocken
ca. 8 dünne Scheiben Mischbrot
4 EL braune Butter (siehe Tipp S. 20)

Außerdem:
2 Eier
100 g weißer Rettich
2 Radieschen
Salz · Pfeffer aus der Mühle
4 Cornichons
1 Handvoll Kräuterblätter zum Garnieren

1 Für die Senf-Ingwer-Sauce den Ingwer in feine Würfel schneiden. Die Brühe und die Sahne in einem kleinen Topf erhitzen. Beide Senfsorten, die Orangenschale und den Ingwer dazugeben und mit der Butter unterrühren. Die Sauce mit Chilisalz abschmecken.

2 Für das Sandwich Petersilie und Spinat gründlich waschen und trocken schütteln. In kochendem Salzwasser 3 Minuten blanchieren, in ein Sieb abgießen, kalt abschrecken und gut abtropfen lassen. Das überschüssige Wasser mit den Händen ausdrücken. Petersilie und Spinat klein schneiden. Mit dem Olivenöl und 2 EL Sahne in einen hohen Rührbecher geben und mit dem Stabmixer fein pürieren. 100 g Leberkäsbrät untermischen und die Masse salzen. Das restliche Brät mit der restlichen Sahne und den Chiliflocken glatt rühren.

3 Alle Brotscheiben gleichmäßig mit dem grünen Brät bestreichen. Das Chilibrät auf 4 Brotscheiben verteilen und die restlichen 4 Scheiben mit dem Brät nach unten darauflegen und etwas andrücken.

4 Den Backofen auf 130 °C vorheizen. Die braune Butter in einer Pfanne erhitzen und die gefüllten Brotscheiben darin auf beiden Seiten goldbraun anbraten. Die Sandwiches aus der Pfanne nehmen und auf dem Backblech im Ofen 10 Minuten durchziehen lassen.

5 Die Eier 10 Minuten kochen, kalt abschrecken, schälen und in Spalten schneiden. Den Rettich putzen und schälen, die Radieschen putzen und waschen. Beides in dünne Scheiben schneiden. Den Rettich und die Radieschen mit Salz und Pfeffer würzen und einige Minuten ziehen lassen. Die Cornichons längs halbieren. Die Kräuter waschen und trocken tupfen.

6 Die Sandwichs in Stücke schneiden, auf vorgewärmte Teller verteilen. Mit Radi, Radieschen, Cornichons und Eierspalten garnieren und die Senfsauce daneben verteilen. Mit Kräuterblättern bestreuen (Rezeptfoto siehe S. 34–35).

Alfons Schuhbeck empfiehlt

Die Mengenangabe für die Brotscheiben ist nur eine Circa-Angabe, da die Größe der Scheiben äußerst unterschiedlich sein kann. Optimal ist es, wenn zwischen 2 Brotscheiben jeweils eine 1 1/2 bis 2 cm dicke Schicht Leberkäsbrät gestrichen wird. Die gegarten Sandwiches werden anschließend in Stücke geschnitten und können so auf 4 Portionen verteilt oder auf einer Platte angerichtet werden.

TOAST MIT POCHIERTEM EI, SPINAT UND ADVENTSHOLLANDAISE

1 Für die Adventshollandaise die Pfeffer- und Korianderkörner, den Zimt, die Fenchelsamen und den Kümmel in eine Gewürzmühle füllen. Die Schalotte schälen und in feine Würfel schneiden. Mit dem Wein, dem Knoblauch, dem Ingwer und der Vanilleschote in einem kleinen Topf aufkochen und fast vollständig einköcheln lassen. Die Brühe hinzufügen und die Flüssigkeit durch ein feines Sieb gießen.

2 Die Butter in einem kleinen Topf aufschäumen lassen. Die Eigelbe mit der Gewürzbrühe in einer Metallschüssel im heißen Wasserbad mit dem Schneebesen oder den Quirlen des Handrührgeräts zu einer feinporigen Sauce aufschlagen. Die Schüssel vom Wasserbad nehmen und die warme Butter erst tropfenweise, dann im dünnen Strahl unter die Schaummasse rühren, sodass eine cremige Sauce entsteht. Die Hollandaise mit der braunen Butter, Salz, den Gewürzen aus der Mühle und dem Zitronensaft abschmecken und warm halten (siehe S. 10).

3 Für den Spinat die Brühe in einer großen Pfanne aufkochen und den Spinat darin zugedeckt zusammenfallen lassen. Den Knoblauch, den Ingwer und die Vanilleschote hinzufügen und mit Chilisalz und Muskatnuss abschmecken. Zuletzt die braune Butter dazugeben.

4 Für die pochierten Eier etwa 4 l Wasser aufkochen. 4 EL Essig, Zitronenschale, Ingwer, Lorbeerblätter und die Chilischote dazugeben. Je 1 EL Essig in 4 kleine Schüsseln geben und vorsichtig 1 Ei in jede Schüssel aufschlagen. Nicht verrühren! Den Topf mit dem siedenden Wasser vom Herd nehmen und mit dem Kochlöffel in eine Richtung rühren, bis es sich dreht. Die Eier in den Wasserstrudel gleiten lassen, dabei wickelt sich das Eiweiß um das Eigelb. Die Eier 3 bis 4 Minuten pochieren. Mit dem Schaumlöffel vorsichtig aus dem Wasser nehmen und abtropfen lassen.

5 Für den Toast den Backofengrill einschalten. Die Butter mit dem Schneebesen hellschaumig schlagen. Die Zitronen- und Orangenschale und die Weißbrotbrösel unterrühren. Mit Chilisalz würzen, auf die Toastbrotscheiben streichen und diese auf ein Backblech legen. Im Ofen auf der obersten Schiene 2 bis 3 Minuten gratinieren.

6 Die Toastscheiben auf 4 Teller legen. Den Spinat darauf verteilen, je 1 pochiertes Ei darauflegen und mit der Hollandaise überziehen.

Zutaten für 4 Personen

Für die Adventshollandaise:
je 1 TL schwarze Pfeffer- und Korianderkörner, Zimtsplitter, Fenchelsamen und ganzer Kümmel
1 Schalotte
50 ml Weißwein
2–3 Scheiben Knoblauch
2 Scheiben Ingwer
1 Stück ausgekratzte Vanilleschote
75 ml Gemüsebrühe
125 g Butter
3 Eigelb
2 EL braune Butter
(siehe Tipp S. 20)
Salz · 1 Spritzer Zitronensaft

Für den Spinat:
3 EL Gemüsebrühe
400 g Babyspinat (geputzt, gewaschen und abgetropft)
1 Knoblauchzehe (halbiert)
1 Scheibe Ingwer
1/4 ausgekratzte Vanilleschote
Chilisalz
frisch geriebene Muskatnuss
1 EL braune Butter

Für das Ei und den Toast:
ca. 8 EL Essig
2 Streifen unbehandelte Zitronenschale
3 Scheiben Ingwer
2 Lorbeerblätter
1 frische rote Chilischote
4 sehr frische Eier
60 g weiche Butter
je 1 Msp. abgeriebene unbehandelte Zitronen- und Orangenschale
1 geh. EL Weißbrotbrösel
mildes Chilisalz
4 Scheiben Toastbrot

Flammbrot mit Birnen-Kraut-Fleckerl und Gänsebrust

Zutaten für 4 Flammbrote

Für den Teig:
1/4 Würfel Hefe (ca. 10 g)
250 g Mehl
2 EL Olivenöl
1 gestr. TL Salz
Olivenöl für die Bleche
Mehl für die Arbeitsfläche

Für den Aufstrich:
300 g saure Sahne
2 TL Zatar (ersatzweise Kräuter der Provence)
Chilisalz

Für den Belag:
400 g junger Weißkohl (oder Spitzkohl)
2 kleine, reife rotbackige Birnen
80 g Maronen (vakuumiert und vorgegart)
1 EL braune Butter (siehe Tipp S. 20)
80 ml Birnensaft (ersatzweise Apfel- oder Quittensaft)
1 TL Petersilie (frisch geschnitten)
1 TL Dillspitzen (frisch geschnitten)
mildes Chilisalz
gemahlener Kümmel
1/2 TL unbehandelte abgeriebene Zitronenschale
1–2 TL Puderzucker
1 EL Butter
1 geräucherte Gänsebrust (ca. 300 g; ersatzweise geräucherte Entenbrust)

1 Für den Teig die Hefe in 150 ml lauwarmem Wasser auflösen. Mit dem Mehl, dem Olivenöl und dem Salz zu einem glatten Teig verkneten. Den Hefeteig in 4 gleich große Stücke teilen und mit Frischhaltefolie bedeckt an einem warmen Ort etwa 30 Minuten gehen lassen.

2 Inzwischen für den Aufstrich die saure Sahne mit dem Zatar glatt rühren und mit Chilisalz würzen.

3 Den Backofen auf 210 °C vorheizen. Zwei Backbleche mit Olivenöl einfetten. Die Hefeteigstücke auf der bemehlten Arbeitsfläche zu 4 runden, dünnen Fladen ausrollen und je 2 auf ein Backblech legen. Die saure Sahne gleichmäßig auf den Fladen verstreichen, dabei einen 1 cm breiten Rand frei lassen. Die Flammbrote im Ofen nacheinander etwa 20 Minuten goldbraun backen.

4 Für den Belag den Weißkohl putzen, die äußeren Blätter entfernen und den harten Strunk herausschneiden. Die Birnen waschen, vierteln und entkernen. Den Kohl in Rauten, die Birnen in schmale Spalten schneiden. Die Maroni halbieren.

5 Die braune Butter in einem Topf erhitzen und den Weißkohl bei mittlerer Hitze darin anbraten. Mit Birnensaft ablöschen, einköcheln lassen, die Petersilie und den Dill dazugeben und mit Chilisalz, 1 Prise Kümmel und der Zitronenschale würzen.

6 Den Puderzucker in einen Topf stäuben und bei mittlerer Hitze goldbraun karamellisieren. Die Birnenspalten darin auf beiden Seiten anbraten, die Maroni hinzufügen und kurz mitbraten. Die Butter dazugeben und zerlassen.

7 Den Weißkohl mit den Birnenspalten und den Maroni auf den frisch gebackenen Flammkuchen verteilen. Die Gänsebrust in nicht zu dünne Scheiben schneiden und darauf anrichten.

Alfons Schuhbeck empfiehlt

Wer einen Pizzastein in seinem Ofen hat, kann diesen ausgezeichnet für die Flammbrote nutzen. Die starke Unterhitze sorgt für einen knusprigen Boden, während der Sauerrahmaufstrich saftig bleibt.

Flammbrot mit Austernpilzen, Spargel und Spiegelei

Zutaten für 4 Flammbrote

Für den Teig:
1/4 Würfel Hefe (ca. 10 g)
250 g Mehl
2 EL Olivenöl
1 gestr. TL Salz
Olivenöl für die Bleche
Mehl für die Arbeitsfläche

Für den Aufstrich:
300 g saure Sahne
2 TL Zatar (ersatzweise Kräuter der Provence)
Chilisalz

Für den Belag:
200 g kleine Austernpilze
500 g grüner Spargel
100 g Oliventomaten (Datteltomaten)
80 ml Gemüsebrühe
1 Knoblauchzehe (in Scheiben)
3 Scheiben Ingwer
2 Streifen unbehandelte Zitronenschale
1–2 EL kalte Butter
mildes Chilisalz
1–2 TL Öl
gemahlener Kümmel
1 Msp. abgeriebene unbehandelte Zitronenschale
1 TL Butter
Salz
4 Eier

1 Für den Teig die Hefe in 150 ml lauwarmem Wasser auflösen. Mit dem Mehl, dem Olivenöl und dem Salz zu einem glatten Teig verkneten. Den Hefeteig in 4 gleich große Stücke teilen und mit Frischhaltefolie bedeckt an einem warmen Ort etwa 30 Minuten gehen lassen.

2 Inzwischen für den Aufstrich die saure Sahne mit dem Zatar glatt rühren und mit Chilisalz würzen.

3 Den Backofen auf 210 °C vorheizen. Zwei Backbleche mit Olivenöl einfetten. Die Hefeteigstücke auf der bemehlten Arbeitsfläche zu 4 runden, dünnen Fladen ausrollen und je 2 auf ein Backblech legen. Die saure Sahne gleichmäßig auf den Fladen verstreichen, dabei einen 1 cm breiten Rand frei lassen. Die Flammbrote im Ofen nacheinander etwa 20 Minuten goldbraun backen.

4 Für den Belag die Austernpilze putzen, falls nötig, trocken abreiben und in kleine Stücke zupfen. Den Spargel waschen, im unteren Drittel schälen und die holzigen Enden abschneiden. Die Spargelstangen längs halbieren und schräg in 4 cm lange Stücke schneiden. Die Oliventomaten waschen, trocken tupfen und halbieren.

5 Die Brühe in einer Pfanne erhitzen, den Spargel dazugeben und den Pfannendeckel so auflegen, dass ein Spalt offen bleibt. Den Spargel etwa 6 Minuten weich dünsten. Die Flüssigkeit sollte danach weitgehend verkocht sein. Die Oliventomaten, den Knoblauch, den Ingwer und die Zitronenschale dazugeben, die Butter unterrühren und mit mit Chilisalz würzen. Den Ingwer und die Zitronenschale zum Schluss wieder entfernen.

6 Mit einem Pinsel das Öl in einer Pfanne verteilen und die Austernpilze darin bei mittlerer Hitze anbraten. Mit 1 Prise Kümmel, der Zitronenschale und Chilisalz würzen.

7 Die Butter in einer Pfanne erhitzen, mit Salz würzen, die Eier hinein schlagen und bei milder Hitze zu Spiegeleiern braten. Die Spargel-Tomaten-Mischung und die Austernpilze auf den frisch gebackenen Flammbroten verteilen und die Spiegeleier daraufsetzen.

Alfons Schuhbeck empfiehlt

Zatar ist eine orientalische Kräutermischung mit Sesam, die gut durch Kräuter der Provence ersetzt werden kann. Während der Pilzsaison eignen sich hervorragend Steinpilze und Pfifferlinge als Variante zu den Austernpilzen.

Überbackene Ofenkartoffel mit Almkäse-Walnuss-Füllung

1 Für die Ofenkartoffeln die Kartoffeln gründlich waschen und mit der Schale in einem Topf mit reichlich stark gesalzenem Wasser mit dem Kümmel etwa 1 Stunde weich kochen. Vorsichtig in ein Sieb abgießen und etwas ausdampfen lassen.

2 Die Kartoffeln an einer Längsseite gerade schneiden, sodass sie gut stehen. Dann das obere Viertel abschneiden und schälen. Die Kartoffeln mit einem kleinen Löffel vorsichtig so aushöhlen, dass ein 1 bis 1 1/2 cm breiter Rand übrig bleibt. Das obere Viertel und das Innere der Kartoffeln grob zerkleinern.

3 Den Backofen auf 150 °C vorheizen. Den Käse in kleine Würfel schneiden, die Walnüsse hacken. Die zerkleinerten Kartoffelstücke mit Chilisalz, Knoblauch, Ingwer, Kümmel, Koriander, Majoran und Muskatnuss würzen und mit dem Käse und den Walnüssen mischen. Die Masse in die ausgehöhlten Kartoffeln füllen und im Ofen auf der untersten Schiene 10 Minuten erwärmen. Den Backofengrill hinzuschalten und die Kartoffeln 5 bis 10 Minuten goldbraun überbacken.

4 Für den Koriander-Kümmel-Joghurt den Koriander in einer Pfanne ohne Fett bei milder Hitze anrösten, bis er anfängt zu duften. Abkühlen lassen und mit dem Kümmel in eine Gewürzmühle füllen. Den Joghurt mit der Brühe und dem Senf glatt rühren. Die Schnittlauchröllchen unterrühren und mit den Gewürzen aus der Mühle kräftig würzen. Den Joghurt mit Zitronensaft, Chilisalz und 1 Prise Zucker abschmecken.

5 Für den Kräutersalat die Kräuterblätter waschen, verlesen und trocken schleudern. Für das Dressing Zitronensaft, Zitronenschale und Olivenöl verrühren und mit Salz und Pfeffer würzen. Die Kräuterblätter mit dem Dressing marinieren.

6 Die Joghurtsauce auf vorgewärmte Teller verteilen und je 1 Kartoffel daraufsetzen. Die Kartoffeln mit dem Kräutersalat garnieren.

Zutaten für 4 Personen

Für die Ofenkartoffeln:
4 große Kartoffeln (à ca. 300 g; z. B. Idaho Potatoes)
Salz · 1 TL ganzer Kümmel
200 g Almkäse (oder anderer würziger halbfester Schnittkäse)
4 EL Walnusskerne
mildes Chilisalz
1 kleine Knoblauchzehe (fein gerieben)
1/2 TL frisch geriebener Ingwer
1/4 TL gemahlener Kümmel
1/4 TL gemahlener Koriander
1/2 TL getrockneter Majoran
frisch geriebene Muskatnuss

Für den Koriander-Kümmel-Joghurt:
je 1 TL Korianderkörner und ganzer Kümmel
200 g griechischer Joghurt
5 EL Gemüsebrühe
1/2 – 1 TL Dijonsenf
2 EL Schnittlauchröllchen
1 Spritzer Zitronensaft
mildes Chilisalz · Zucker

Für den Kräutersalat:
20 g Kräuterblätter (z. B. Petersilie, Staudenselleriеblätter, Basilikum, Kerbel, Dill)
1 TL Zitronensaft · 1 Msp. abgeriebene unbehandelte Zitronenschale
1 EL Olivenöl
Salz · Pfeffer aus der Mühle

Alfons Schuhbeck empfiehlt

Die Kartoffeln müssen nicht unbedingt vorgekocht werden, man kann sie stattdessen auch in Alufolie gewickelt im Ofen bei 180 °C bis 200 °C etwa 1 Stunde fast weich garen.

Pikante Rohrnudeln mit Tomaten-Zucchini-Salat

Zutaten für 4 Personen

Für die Rohrnudeln:
je 1 TL getrockneter Oregano, Majoran, Rosmarin (gehackt) und Thymian (gehackt)
1 TL getrocknetes Bohnenkraut
1/8 l Milch
17 g frische Hefe
270 g Mehl
2 Eigelb
Zucker · Salz
1 Msp. abgeriebene unbehandelte Zitronenschale
50 g weiche Butter
150 g Salami (am Stück)
80 g in Öl eingelegte, getrocknete Tomaten
40 g Pinienkerne
40 g schwarze Oliven (entsteint)
40 g grüne Oliven (entsteint)
Mehl zum Formen
50 g Butter für die Form und zum Bestreichen

Für den Salat:
200 g Oliventomaten (Datteltomaten)
150 g Schafskäse (Feta)
1 Zucchino (ca. 250 g)
1/8 l Gemüsebrühe
1 Knoblauchzehe (in Scheiben)
1–2 Scheiben Ingwer
1 Zweig Thymian
Chiliflocken
1 EL milder Weißweinessig
1/2 TL Dijonsenf
2 EL mildes Olivenöl
Salz · Pfeffer aus der Mühle
Zucker

1 Für die Rohrnudeln die Kräuter mischen. Die Milch leicht erwärmen, die Hefe darin auflösen und mit dem Mehl, 4 TL der Kräutermischung, den Eigelben, je 1 Prise Zucker und Salz und der Zitronenschale verkneten. Die Butter hinzufügen und einige Minuten weiterkneten, bis ein geschmeidiger Teig entstanden ist. In eine Schüssel geben, mit Frischhaltefolie zudecken und an einem warmen Ort knapp 30 Minuten gehen lassen.

2 Inzwischen die Salami in 1/2 cm große Würfel schneiden. Die eingelegten Tomaten abtropfen lassen und in Würfel schneiden, die Pinienkerne grob hacken und in einer Pfanne ohne Fett bei mittlerer Hitze anrösten. Beide Olivensorten in 1/2 cm große Stücke schneiden. Die Salami, die Tomaten, die Pinienkerne und die Oliven mit der restlichen Kräutermischung in einer Schüssel verrühren.

3 Den Teig aus der Schüssel nehmen, kurz durchkneten, mit etwas Mehl zu einer dicken Rolle (etwa 3 cm Durchmesser) formen, in Scheiben schneiden und zu tischtennisballgroßen Kugeln formen. Die Kugeln flach drücken, etwas Salami-Oliven-Mischung daraufgeben und in den Teig hüllen. Erneut Kugeln formen und mit der Naht nach unten in einen gebutterten Bräter oder eine ofenfeste Form (maximal 20 x 30 cm) setzen. Die Teigkugeln darin zugedeckt an einem warmen Ort nochmals 20 bis 25 Minuten gehen lassen.

4 Den Backofen auf 180 °C vorheizen. Die Rohrnudeln mit der restlichen flüssigen Butter bestreichen und im Ofen auf der untersten Schiene etwa 15 Minuten backen. Nochmals mit Butter bestreichen, die Temperatur auf 200 °C erhöhen und etwa 5 Minuten weiterbacken, bis sie hell gebräunt sind.

5 Für den Salat die Tomaten waschen und vierteln. Den Schafskäse in etwa 1 cm große Würfel schneiden. Den Zucchino putzen, waschen und in 1/2 bis 1 cm große Würfel schneiden. Die Zucchiniwürfel in der Brühe mit dem Knoblauch, dem Ingwer, dem Thymian und 1 Prise Chiliflocken 2 bis 3 Minuten dünsten. Die Brühe in einen hohen Rührbecher abgießen, mit dem Essig, dem Senf und dem Olivenöl mixen und mit Salz, Pfeffer und 1 Prise Zucker würzen. Die Zucchiniwürfel und die Tomaten mit der Marinade mischen, den Ingwer und den Thymian dabei entfernen.

6 Die Rohrnudeln auf vorgewärmten Tellern anrichten, den Tomaten-Zucchini-Salat außen herum verteilen und den Schafskäse dazwischenstreuen.

Käsespätzle mit Maronen und Speck

Zutaten für 4 Personen

Für die Spätzle:
2 Zwiebeln
100 g Frühstücksspeck
1 EL braune Butter (siehe Tipp S. 20)
100 g Maronen (vakuumiert und vorgegart)
1/2 Bund Rucola
120 g Champignons
100 g Romadur
150 g Bergkäse (z. B. Gruyère)
150 g Emmentaler
2 TL Kardamomsamen
300 g doppelgriffiges Mehl
6 Eier · 1/2–1 TL Salz
1 Msp. geriebener Ingwer
1 Msp. geriebener Knoblauch
frisch geriebene Muskatnuss
1 EL Öl · 2 Lorbeerblätter
2–3 Scheiben Ingwer
milde Chiliflocken
1/8 l Gemüsebrühe
1 kleines Bund Schnittlauch (in Röllchen geschnitten)

Für den Salat:
100 ml lauwarme Gemüsebrühe
2 EL Zitronensaft
1 Msp. abgeriebene unbehandelte Zitronenschale
1/2 TL Dijonsenf
Salz · Chiliflocken · Zucker
4 EL mildes Olivenöl
1 Kopfsalat
1 EL Minze (frisch geschnitten)
1–2 TL Dillspitzen (frisch geschnitten)
2–3 EL Granatapfelkerne

1 Für die Spätzle die Zwiebeln schälen und in feine Würfel schneiden. Den Speck in kleine Würfel schneiden. Die braune Butter in einer Pfanne erhitzen und die Zwiebeln mit dem Speck darin andünsten. In ein feines Sieb abgießen und auf Küchenpapier abtropfen lassen. Die Maronen vierteln. Den Rucola verlesen, waschen und trocken schütteln, grobe Stiele entfernen. Die Blätter klein schneiden. Die Champignons putzen, falls nötig, mit Küchenpapier trocken abreiben und in Scheiben schneiden. Den Romadur in etwa 1/2 cm große Würfel schneiden, den Bergkäse und den Emmentaler grob reiben. Alle Käsesorten mischen.

2 Für den Spätzleteig die Kardamomsamen in eine Gewürzmühle füllen. Das Mehl mit den Eiern, dem Salz, dem Ingwer, dem Knoblauch und je 1 Prise Muskatnuss und Kardamom aus der Mühle sowie dem Öl mit den Knethaken des Handrührgeräts 3 bis 5 Minuten verkneten, bis der Teig Blasen wirft.

3 Den Backofengrill einschalten und ein Ofengitter auf die unterste Schiene schieben. In einem großen Topf Salzwasser mit den Lorbeerblättern und dem Ingwer aufkochen. Den Teig portionsweise mit dem Spätzlehobel oder der Spätzlepresse in das siedende Salzwasser geben (siehe S. 14). Die Spätzle einmal kurz aufkochen lassen, mit dem Schaumlöffel herausnehmen und auf einem Sieb abtropfen lassen, Lorbeerblätter und Ingwer dabei entfernen.

4 Die Spätzle abwechselnd mit Speckzwiebeln, Maronen, Rucola, Champignons und je einem Drittel des Käses in eine ofenfeste Form oder einen kleinen Bräter schichten. Die Füllung jeweils mit Chiliflocken, Kardamom und Muskatnuss würzen. Mit Spätzle und Käse abschließen. Die Brühe über die geschichteten Spätzle gießen und im Ofen auf der mittleren Schiene 4 bis 5 Minuten hell überbacken.

5 Für den Salat die Brühe mit Zitronensaft und -schale und dem Senf verrühren, mit Salz und je 1 Prise Chiliflocken und Zucker würzen. Das Olivenöl erst tropfenweise, dann als dünnen Strahl unter kräftigem Rühren hinzufügen. Den Kopfsalat putzen, gründlich waschen und trocken schleudern. In mundgerechte Stücke zupfen und in eine Salatschüssel geben. Die Kräuter untermischen. Die Salatblätter mit dem Kräuterdressing marinieren und die Granatapfelkerne darüberstreuen.

6 Die Spätzle aus dem Ofen nehmen, auf vorgewärmten Tellern anrichten und mit den Schnittlauchröllchen bestreuen. Den Salat dazu servieren.

Fischlasagne mit Portulaksalat und Dill-Minze-Joghurt

1 Für die Lasagne das Toastbrot entrinden, in kleine Würfel schneiden und mit der Milch beträufeln. Die Frühlingszwiebeln putzen, waschen und in Ringe schneiden.

2 Die beiden Fischfiletsorten waschen und trocken tupfen. Die Hälfte davon durch den Fleischwolf drehen. Mit dem Eigelb, dem eingeweichten Weißbrot und den Frühlingszwiebeln mischen. Mit Salz, Pfeffer, Currypulver, Ingwer, Knoblauch, Zitronenschale und 1 Spritzer Zitronensaft würzen. Die übrigen Fischfilets in 1 1/2 cm große Würfel schneiden, mit Chilisalz würzen und unter die Fischmasse heben. Den Backofen auf 100 °C vorheizen. Ein Backblech mit Butter einfetten.

3 Die Lasagneplatten in reichlich Salzwasser mit den Chilischoten und dem Ingwer nach Packungsanweisung garen, herausnehmen und in kaltem Wasser abschrecken. 2 Nudelplatten trocken tupfen, nebeneinander auf das Backblech legen und mit der Fischmasse bestreichen. Die übrigen 2 Nudelplatten trocken tupfen und darauflegen. Die Fischlasagne mit Frischhaltefolie bedecken und im Ofen auf der mittleren Schiene 20 Minuten durchziehen lassen.

4 Für den Portulaksalat den Portulak verlesen, waschen und trocken schleudern, die Blüten unterheben und mit dem Zitronensaft und dem Olivenöl mischen. Mit Salz und Pfeffer würzen.

5 Für den Dill-Minze-Joghurt den Joghurt mit der Brühe, dem Dill und der Minze verrühren und mit Zitronensaft, Zitronen- und Orangenschale, Salz, je 1 Prise Chilipulver und Zucker würzen.

6 Die Fischlasagne in kleine Stücke schneiden, auf vorgewärmte Teller legen und den Portulaksalat daraufgeben. Den Dill-Minze-Joghurt außen herum verteilen.

Zutaten für 4 Personen

Für die Lasagne:
1 1/2 Scheiben Toastbrot
1–2 EL Milch
2 Frühlingszwiebeln
250 g Lachsfilet (ohne Haut und Gräten)
250 g Zanderfilet (ohne Haut und Gräten) · 1 Eigelb · Salz
Pfeffer aus der Mühle
1/2 TL Currypulver
1/2 TL Ingwer (frisch gehackt)
1/2 Knoblauchzehe (gehackt)
1/2 TL abgeriebene unbehandelte Zitronenschale
Zitronensaft · mildes Chilisalz
Butter für das Blech
4 Lasagneplatten
2 getrocknete Chilischoten
3 Scheiben Ingwer

Für den Portulaksalat:
1–2 Handvoll Portulaksalat
3 EL essbare Blüten (z. B. Kapuzinerkresse, Gänseblümchen)
1 TL Zitronensaft
1 EL mildes Olivenöl
Salz · Pfeffer aus der Mühle

Für den Dill-Minze-Joghurt:
150 g griechischer Joghurt
3 EL Gemüsebrühe
1 EL Dillspitzen (frisch geschnitten)
3–5 Minzeblätter (fein geschnitten)
1 Spritzer Zitronensaft
je 1 Msp. abgeriebene unbehandelte Zitronen- und Orangenschale
Salz · mildes Chilipulver · Zucker

Alfons Schuhbeck empfiehlt

Die Lasagneplatten sollten möglichst frisch gekocht werden. Wer sie trotzdem lieber etwas früher kochen möchte, legt sie bis zur Verarbeitung am besten zwischen 2 Lagen Frischhaltefolie, damit sie nicht zusammenkleben.

Ofengarnelen auf Bohnen-Tomaten-Gemüse

Zutaten für 4 Personen

Für das Bohnengemüse:
1/2 Zwiebel
1/2 Zucchino (ca. 150 g)
2 Tomaten
80 g kleine weiße Bohnen (aus der Dose)
1–2 TL mildes Olivenöl
1 Knoblauchzehe (in Scheiben)
2 Scheiben Ingwer
1 Streifen unbehandelte Zitronenschale
1 EL Butter
mildes Chilisalz
1/2 TL getrocknetes Bohnenkraut
1 EL Petersilie (frisch geschnitten)

Für die Garnelen:
3 EL mildes Olivenöl
12 Riesengarnelen
mildes Chilisalz

Für die Knoblauchsauce:
4 große Knoblauchzehen
1 Eiweiß
1 EL gegarte Kartoffelwürfel
150 ml neutrales Salatöl
2 Eiswürfel
3 EL Gemüsebrühe
Salz

1 Für das Bohnengemüse die Zwiebel schälen und in feine Würfel schneiden. Den Zucchino putzen, waschen und in 5 bis 8 mm große Würfel schneiden. Die Tomaten kreuzweise einritzen, überbrühen, kalt abschrecken, häuten, vierteln und entkernen. Das Fruchtfleisch in Würfel schneiden. Die Bohnen in ein Sieb abgießen, kalt abbrausen und abtropfen lassen.

2 Das Olivenöl in einer Pfanne erhitzen und die Zwiebelwürfel darin bei mittlerer Hitze andünsten. Die Zucchiniwürfel hinzufügen, kurz mitdünsten, dann die Bohnen und die Tomatenwürfel mit dem Knoblauch, dem Ingwer und der Zitronenschale dazugeben. Die Butter unterrühren, das Gemüse mit Chilisalz und dem Bohnenkraut würzen und die Petersilie hinzufügen. Zum Schluss den Ingwer und die Zitronenschale wieder entfernen.

3 Für die Garnelen den Backofen auf 100 °C vorheizen. Ein Backblech mit 1 bis 2 TL Olivenöl einfetten. Die Garnelen bis auf den Schwanzfächer schälen, am Rücken entlang einschneiden und den dunklen Darm entfernen. Die Garnelen waschen und trocken tupfen. Auf das Backblech legen, mit Frischhaltefolie bedecken und im Ofen 10 bis 15 Minuten knackig durchziehen lassen. Das restliche Olivenöl mit Chilisalz würzen und die Garnelen darin wenden.

4 Für die Knoblauchsauce den Knoblauch schälen und in dünne Scheiben schneiden. In etwas Wasser 10 Sekunden köcheln lassen, in ein Sieb abgießen und abkühlen lassen.

5 Den Knoblauch mit dem Eiweiß und den Kartoffelwürfeln in einen hohen Rührbecher geben und mit dem Stabmixer pürieren. Dabei das Salatöl zuerst tropfenweise, dann in dünnem Strahl hinzufügen, bis die Sauce eine sämige Konsistenz annimmt. Die Eiswürfel in einen Gefrierbeutel geben und mit dem Nudelholz oder dem Plattiereisen zerstoßen. Mit der Brühe in die Sauce geben und untermixen – dadurch wird sie besonders locker und cremig. Die Knoblauchsauce mit Salz würzen.

6 Das Bohnengemüse auf vorgewärmte Teller verteilen, die Garnelen darauf anrichten und die Knoblauchsauce außen herumträufeln.

Alfons Schuhbeck empfiehlt

Wird die Knoblauchsauce ohne Gemüsebrühe zubereitet, erhält man eine Art Knoblauchmayonnaise. Durch die Zugabe von Brühe wird die Sauce dann auf die gewünschte Konsistenz verdünnt.

Obatzden-Pflanzerl auf Radi-Pfifferling-Salat

Zutaten für 4 Personen

Für die Obatzden-Pflanzerl:
300 g Camembert
120 g Toastbrot
400 g Speisequark
1 Frühlingszwiebel
je 1 TL ganzer Kümmel, Koriander- und schwarze Pfefferkörner
2 Eigelb
1 EL braune Butter (siehe Tipp S. 20)
1/2 TL abgeriebene unbehandelte Zitronenschale
1 EL Petersilie (frisch geschnitten)
Salz · je 1/2 TL gemahlene Kurkuma und Paprikapulver (edelsüß)
frisch geriebene Muskatnuss
mildes Chilisalz
100 g Weißbrotbrösel
3–4 EL Öl

Für den Salat:
60 ml Gemüsebrühe
1 EL Rotweinessig
1/2–1 TL Dijonsenf
2 EL mildes Salatöl
3 EL mildes Olivenöl
Salz · Pfeffer aus der Mühle
mildes Chilipulver
Zucker
200 g Rettich
8 Radieschen
2 kleine Frühlingszwiebeln
200 g kleine Pfifferlinge
gemahlener Kümmel
1/2 TL abgeriebene unbehandelte Zitronenschale
1 EL Petersilie (frisch geschnitten)

1 Für die Obatzden-Pflanzerl den Camembert entrinden und in 3 bis 4 mm große Würfel schneiden. Das Toastbrot entrinden und in kleine Würfel schneiden. Den Quark in ein feuchtes Küchentuch geben und die Flüssigkeit kräftig ausdrücken, sodass etwa 200 g trockener Quark (Topfen) übrig bleibt. Die Frühlingszwiebel putzen, waschen und in feine Ringe schneiden. Den Kümmel, die Koriander- und die Pfefferkörner in eine Gewürzmühle füllen.

2 Den Topfen mit dem Toastbrot in eine Schüssel geben und mit dem Camembert, der Frühlingszwiebel, den Eigelben, der braunen Butter, der Zitronenschale und der Petersilie mischen. Die Obatzden-Masse mit Salz, Kurkuma, Paprikapulver, Muskatnuss, 1 Prise Chilisalz und den Gewürzen aus der Mühle würzen.

3 Die Weißbrotbrösel auf einen flachen Teller geben. Aus der Obatzden-Masse mit angefeuchteten Händen kleine Pflanzerl formen und in den Weißbrotbröseln wenden.

4 Den Backofen auf 175 °C vorheizen. Das Öl in einer Pfanne erhitzen und die Obatzden-Pflanzerl darin bei milder Hitze auf beiden Seiten langsam braten. Auf Küchenpapier abtropfen lassen, auf ein Backblech legen und im Ofen auf der mittleren Schiene 5 bis 10 Minuten nachbacken.

5 Für den Salat die Brühe mit dem Essig und dem Senf in einen hohen Rührbecher geben, das Salatöl und 2 EL Olivenöl mit dem Stabmixer unterrühren. Die Marinade mit Salz, Pfeffer und je 1 Prise Chilipulver und Zucker würzen. Den Rettich schälen, längs halbieren und in 3 bis 4 mm dicke Scheiben schneiden. In Salzwasser etwa 1 Minute blanchieren, kalt abschrecken und abtropfen lassen.

6 Die Radieschen putzen, waschen und in Scheiben hobeln. Leicht salzen und ein paar Minuten ziehen lassen. Die Frühlingszwiebeln putzen, waschen und in Ringe schneiden. Die Pfifferlinge gründlich putzen, falls nötig, waschen und auf einem Küchentuch abtropfen lassen. Mit einem Pinsel das restliche Olivenöl in einer Pfanne verteilen und die Pfifferlinge darin bei mittlerer Hitze 2 bis 3 Minuten anbraten. Mit Salz, Pfeffer, 1 Prise Kümmel und Zitronenschale würzen und die Petersilie hineingeben.

7 Den Rettich, die Radieschen, die Frühlingszwiebeln und die Pfifferlinge mit der Marinade mischen und gegebenenfalls etwas nachwürzen. Den Salat auf vorgewärmte Teller verteilen und die Obatzden-Pflanzerl darauf anrichten.

Gefüllte Blätterteigpastete mit Hendl-Artischocken-Ragout

Zutaten für 4 Personen

Für die Pasteten:
500 g Blätterteig (aus dem Kühlregal, ca. 3 mm dick)
1 Eigelb
1 EL Sahne

Für das Ragout:
1/2 kleine Karotte (ca. 60 g)
Salz
80 g frische dicke Bohnen (ersatzweise tiefgekühlt)
1 mittelgroße Artischocke
70 ml Hühnerbrühe
1 Hähnchenbrustfilet (ca. 120 g, ohne Haut)
1–2 TL braune Butter (siehe Tipp S. 20)

Für die Sauce:
5–8 Safranfäden
1/8 l Hühnerbrühe (oder Gemüsebrühe)
1 TL Puderzucker
40 ml Weißwein
50 g Sahne
1 TL Speisestärke
1 EL kalte Butter
1/2 TL abgeriebene unbehandelte Zitronenschale
Salz · mildes Chilipulver

1 Für die Pasteten den Backofen auf 210 °C vorheizen. Aus dem Teig 16 Kreise (à 8 cm Durchmesser) ausstechen.

2 Vier Teigkreise auf ein mit Backpapier belegtes Backblech legen und mit kaltem Wasser bestreichen. Aus den restlichen 12 Kreisen kleinere Kreise (à 6 1/2 cm) ausstechen – so entstehen 12 Teigringe. 4 Ringe auf die 4 großen Teigkreise legen und mit Wasser bestreichen. Eine weitere Lage Teigringe auflegen, ebenfalls mit Wasser bestreichen und mit den restlichen 4 Ringen belegen. Die Teigböden in der Mitte mit einer Gabel einstechen, die kleineren Teigkreise (Deckel) auf das Backblech legen und ebenfalls mehrmals einstechen.

3 Das Eigelb mit der Sahne verquirlen. Die obersten Teigringe und die Deckel damit bestreichen – das Eigelb sollte an den Seiten nicht herunterlaufen. Die Pasteten im Ofen auf der mittleren Schiene 10 bis 15 Minuten backen, dabei die Deckel nicht auf die Pasteten setzen!

4 Für das Ragout die Karotte schälen, in 1/2 cm große Würfel schneiden, in Salzwasser weich garen und auf einem Sieb abtropfen lassen. Die dicken Bohnen in kochendem Salzwasser 1 Minute blanchieren, kalt abschrecken und aus den Häutchen drücken. Von der Artischocke den Stiel und die harten Blätter abschneiden, sodass nur der Boden übrig bleibt. Mit einem Löffel oder Kugelausstecher das Heu entfernen und den Boden in Würfel schneiden. Den Stiel großzügig schälen und ebenfalls in Würfel schneiden. Die Artischockenwürfel in der Brühe weich dünsten, die Brühe sollte dabei fast vollständig verkochen.

5 Für die Sauce die Safranfäden in 3 EL heißer Brühe einweichen. Den Puderzucker in einem Topf bei mittlerer Hitze goldbraun karamellisieren, mit dem Wein ablöschen und einköcheln lassen. Mit der restlichen Brühe auffüllen, 1 bis 2 Minuten köcheln lassen, die Sahne mit der Safranbrühe dazugeben und einmal aufkochen lassen. Die Speisestärke mit wenig kaltem Wasser glatt rühren, nach und nach in die köchelnde Sauce rühren, bis diese leicht sämig bindet. Zuletzt die Butter untermixen und die Zitronenschale dazugeben. Mit Salz und 1 Prise Chilipulver würzen.

6 Die Hähnchenbrust waschen, trocken tupfen und in 1 1/2 bis 2 cm große Würfel schneiden. Die braune Butter in einer Pfanne erhitzen und die Hähnchenwürfel darin rundum anbraten. Aus der Pfanne nehmen und in der Sauce knapp unter dem Siedepunkt 5 Minuten saftig durchziehen lassen. Die Karotte, die Bohnen und die Artischocke dazugeben, kurz erhitzen und gegebenenfalls etwas nachwürzen. Die Blätterteigpasteten auf vorgewärmte Teller setzen, das Ragout hineingeben und den Deckel darauflegen.

Gewürzbackhendl auf Karottengemüse mit Koriander

Zutaten für 4 Personen

Für das Backhendl:
je 1/2 TL Anis-, Fenchel- und Kardamomsamen
je 1 TL schwarze Pfefferkörner und Zimtrinde
4 Hähnchenbrustfilets (à 150 g; ohne Haut)
250 g Naturjoghurt
mildes Chilisalz
80 g Semmelbrösel
50 g Cornflakes (zerrieben, siehe Tipp) · 6 EL Öl

Für das Karottengemüse:
1 EL Korianderkörner
500 g Karotten
2 Schalotten
1 EL mildes Olivenöl
2 Scheiben Ingwer
150 ml Gemüsebrühe
1/2 Zimtrinde
Chiliflocken
1 EL kalte Butter
2 EL Pistazien
1 EL braune Butter (siehe Tipp S. 20)

1 Für das Backhendl die ganzen Gewürze in eine Gewürzmühle füllen. Die Hähnchenbrustfilets waschen und trocken tupfen. Den Joghurt kräftig mit den Gewürzen aus der Mühle und Chilisalz würzen. Das Fleisch darin einlegen. Mit Frischhaltefolie zugedeckt mehrere Stunden, am besten über Nacht, in der Marinade ziehen lassen.

2 Den Backofen auf 100 °C vorheizen. Das Fleisch aus der Marinade nehmen und den Joghurt etwas abstreifen. Die Semmelbrösel mit den Cornflakes in einem flachen Teller mischen. Die Hähnchenbrüste darin wenden. Das Öl in einer Pfanne erhitzen und die panierten Hähnchenbrustfilets darin bei mittlerer Hitze auf beiden Seiten knusprig anbraten. Auf ein Backblech legen und im Ofen auf der mittleren Schiene je nach Dicke 20 bis 30 Minuten garen.

3 Für das Karottengemüse den Koriander in einer Pfanne ohne Fett rösten, bis er zu duften beginnt. Abkühlen lassen und in eine Gewürzmühle füllen. Die Karotten putzen, schälen und schräg in 2 bis 3 mm dicke Scheiben schneiden oder hobeln. Die Schalotten schälen und in feine Würfel schneiden. Das Olivenöl in einem Topf erhitzen und die Schalotten darin bei mittlerer Hitze andünsten. Die Karottenscheiben und den Ingwer dazugeben und kurz mitdünsten. Die Brühe angießen und das Gemüse zugedeckt bei milder Hitze etwa 10 Minuten weich dünsten.

4 Das Karottengemüse mit dem Koriander aus der Mühle, frisch geriebenem Zimt, Chiliflocken und bei Bedarf mit etwas Salz würzen. Das Gemüse in ein feines Sieb abgießen und den Fond auffangen. Die Karotten zurück in den Topf geben und warm halten. Den Fond in einen hohen Rührbecher gießen und die Butter mit dem Stabmixer unterrühren. Mit den Pistazien und der braunen Butter verfeinern.

5 Das Karottengemüse auf vorgewärmte Teller verteilen, die Gewürzbackhendlfilets aufschneiden und darauflegen. Den Fond nochmals mit dem Stabmixer aufschäumen und darum herum verteilen.

Alfons Schuhbeck empfiehlt

Durch das Marinieren in Gewürzjoghurt nimmt die Geflügelbrust Aroma an und wird gleichzeitig zarter. Die Cornflakes machen die Panade besonders knusprig. Sie lassen sich ganz einfach und rasch zu Bröseln zerreiben, indem man sie in einen Gefrierbeutel füllt und mit dem Nudelholz darüberrollt. Die Brösel können Sie – gut verschlossen – einige Zeit im Küchenschrank lagern.

Weisswurst-Gröstl auf Rahmkraut

Zutaten für 4 Personen

Für das Kraut:
1 Zwiebel
1 EL Öl
80 ml Weißwein
600 g Sauerkraut (aus der Dose)
300 ml Gemüsebrühe
5 schwarze Pfefferkörner
2 Wacholderbeeren
1 Lorbeerblatt
2 EL Apfelmus
50 g Sahne
3 EL kalte Butter
milde Chiliflocken
Salz

Für das Gröstl:
2 Laugenstangen (tiefgekühlt)
4 Frühlingszwiebeln
4 EL braune Butter
(siehe Tipp S. 20)
6 Weißwürste

1 Für das Kraut die Zwiebel schälen und in feine Würfel schneiden. Das Öl in einem Topf erhitzen und die Zwiebel darin andünsten. Mit dem Wein ablöschen und so lange kochen, bis fast die ganze Flüssigkeit verdampft ist. Das Sauerkraut dazugeben, die Brühe angießen und das Kraut bei milder Hitze 30 Minuten garen.

2 Die Pfefferkörner, die leicht angedrückten Wacholderbeeren und das Lorbeerblatt in einen Einwegteebeutel füllen und diesen verschließen. Mit dem Apfelmus zum Kraut geben und weitere 15 Minuten garen. Die Gewürze wieder entfernen, die Sahne mit der Butter hinzufügen und das Rahmkraut mit je 1 Prise Chiliflocken und Salz abschmecken.

3 Inzwischen für das Gröstl den Backofen auf 180 bis 200 °C vorheizen. Die Laugenstangen darin nach Packungsanweisung aufbacken. Die Frühlingszwiebeln putzen, waschen und schräg in etwa 2 cm lange Stücke schneiden. Falls nötig, das grobe Salz von den Laugenstangen entfernen und die Stangen längs halbieren. Die Hälften in etwa 1 bis 1 1/2 cm dicke Scheiben schneiden. In einer Pfanne 2 EL braune Butter erhitzen und die Laugenstangenscheiben darin bei milder Hitze auf beiden Seiten goldbraun braten. Aus der Pfanne nehmen und auf Küchenpapier abtropfen lassen.

4 Die Weißwürste häuten und in 1 bis 1 1/2 cm breite Scheiben schneiden. Die restliche braune Butter in einer Pfanne erhitzen und die Weißwurstscheiben darin bei mittlerer Hitze rundum anbraten. Die Frühlingszwiebeln hinzufügen und kurz mitbraten. Die Pfanne vom Herd nehmen und die Laugenstücke unterheben.

5 Das Rahmkraut auf vorgewärmte tiefe Teller verteilen und das Weißwurst-Gröstl darauf anrichten.

Alfons Schuhbeck empfiehlt

Die Weißwürste werden in nicht zu dünne Stücke geschnitten, so bleiben sie beim Braten schön saftig und in Form. Eine würzige Variante zum Rahmkraut ist Kokos-Curry-Kraut: dafür das fertig gekochte Sauerkraut mit 50 ml Kokosmilch anstelle der Sahne und mit 1 bis 2 TL mildem Currypulver verfeinern. Diese Sauerkraut-Variante passt auch sehr gut zu Nürnberger Rostbratwürsteln.

Weihnachtlicher Eintopf mit Schweinefilet

1 Für das Pesto den Spinat und die Petersilie gründlich waschen und die Blätter von den Stielen zupfen. Nacheinander in kochendem Salzwasser blanchieren, in ein Sieb abgießen, kalt abschrecken und gut abtropfen lassen. Das restliche Wasser mit den Händen ausdrücken.

2 Die Pistazien im Blitzhacker grob mahlen. Spinat und Petersilie zerkleinern und dazugeben. Den Parmesan, das Olivenöl und die braune Butter hinzufügen, mit Salz, Pfeffer, 1 Prise Chilipulver und dem Zitronensaft würzen. Zu einer glatten grünen Paste mixen.

3 Für das Schweinefilet den Backofen auf 100 °C vorheizen. Ein Ofengitter auf die mittlere Schiene und darunter ein Abtropfblech schieben. Die braune Butter in einer Pfanne erhitzen und das Schweinefilet darin bei mittlerer Hitze rundum anbraten. Aus der Pfanne nehmen und auf dem Gitter im Ofen etwa 45 Minuten rosa durchziehen lassen. Mit Chilisalz würzen.

4 Für den Eintopf die Kartoffel schälen und waschen, den Sellerie putzen und schälen, den Kürbis schälen und entkernen. Alles in 1 cm große Würfel schneiden. Die Karotte und die Petersilienwurzel putzen, schälen und schräg in Scheiben schneiden. Die Zwiebel schälen, den Weißkohl putzen und waschen. Die Zwiebel und die Weißkohlblätter in 1 1/2 cm große Stücke schneiden. Die Champignons putzen, falls nötig, trocken abreiben und vierteln.

5 Die Bohnen putzen, waschen und schräg in 1 1/2 cm breite Stücke schneiden. In kochendem Salzwasser 4 bis 5 Minuten blanchieren. In ein Sieb abgießen, kalt abschrecken und abtropfen lassen.

6 Das Öl in einem großen Topf erhitzen. Kartoffel, Sellerie, Kürbis, Karotte, Petersilienwurzel, Zwiebel und Weißkohl darin bei milder Hitze andünsten. Mit der Brühe aufgießen, das Lorbeerblatt dazugeben und das Gemüse knapp unter dem Siedepunkt 10 bis 15 Minuten weich garen.

7 Kurz vor Ende der Garzeit die Champignons und die Bohnen mit Thymian, Knoblauch, Ingwer und Zitronenschale hinzufügen. Die Gewürze einige Minuten darin ziehen lassen und entfernen. Den Eintopf mit Salz und 1 Prise Chilipulver abschmecken.

8 Den Eintopf auf vorgewärmte tiefe Teller verteilen. Das Schweinefilet in dünne Scheiben schneiden, darauflegen und mit dem Pistazien-Petersilien-Pesto beträufeln.

Zutaten für 4 Personen

Für das Pesto:
40 g junger Blattspinat
70 g Petersilie (ca. 1–2 Bund)
Salz
1 EL Pistazien
1–2 TL geriebener Parmesan
2 EL Olivenöl
2 EL zerlassene braune Butter (siehe Tipp S. 20)
Pfeffer aus der Mühle
mildes Chilipulver
1 Spritzer Zitronensaft

Für das Schweinefilet:
1–2 TL braune Butter
1 Schweinefilet (ca. 400 g)
mildes Chilisalz

Für den Eintopf:
1 große festkochende Kartoffel
80 g Knollensellerie
150 g Muskatkürbis (oder Butternusskürbis)
1 Karotte
1 Petersilienwurzel
1 Zwiebel
100 g junger Weißkohl
80 g kleine weiße Champignons
80 g breite Bohnen
Salz · 1 EL Öl
800 ml Gemüsebrühe
1 Lorbeerblatt
2 Zweige Thymian
2 Knoblauchzehen (in Scheiben)
3 Scheiben Ingwer
1 Streifen unbehandelte Zitronenschale
mildes Chilipulver

Gefüllter Bratapfel mit Meerrettichwirsing

Zutaten für 4 Personen

Für den Bratapfel:
1 Scheibe Toastbrot
1–2 EL braune Butter (siehe Tipp S. 20)
150 g Schweinswürstelbrät
120 g Sahne
80 g gekochter Schinken (in kleinen Würfeln)
1 EL Petersilie (frisch geschnitten)
1 Msp. abgeriebene unbehandelte Zitronenschale
4 kleine aromatische Äpfel (à 150 g; z. B. Jonagold oder Elstar)
4–5 EL Butter · 100 ml Apfelsaft
150 ml Gemüsebrühe
je 2 Streifen unbehandelte Zitronen- und Orangenschale
1/2 Zimtrinde
3 Scheiben Ingwer
1–2 Scheiben Knoblauch
5 Wacholderbeeren
1 Lorbeerblatt
1/2 TL Pimentkörner
1/2 TL schwarze Pfefferkörner
einige Petersilienblätter

Für den Wirsing:
1 Wirsing (ca. 800 g)
Salz · 200 g Sahne
2–3 EL Sahnemeerrettich (aus dem Glas)
3 EL kalte Butter
mildes Chilipulver
frisch geriebene Muskatnuss
1 Msp. abgeriebene unbehandelte Orangenschale
1 Handvoll Petersilienblätter

Außerdem:
frischer Meerrettich (geschält)

1 Für den Bratapfel das Toastbrot mit einem scharfen Messer waagrecht durchschneiden, in 1/2 cm breite Streifen und diese in möglichst kleine Würfel schneiden. Das geht etwas einfacher, wenn die Toastbrotscheibe leicht angefroren ist. Die braune Butter in einer Pfanne erhitzen und die Brotwürfel darin bei mittlerer Hitze hell anbraten. Aus der Pfanne nehmen und auf Küchenpapier abtropfen lassen.

2 Den Backofen auf 200 °C vorheizen. Das Brät mit 1 bis 2 EL Sahne glatt rühren, die Brot- und Schinkenwürfel, die Petersilie und die Zitronenschale untermischen. Die Masse in einen Spritzbeutel mit Lochtülle füllen.

3 Die Äpfel waschen und trocken reiben. Von den Äpfeln Deckel abschneiden und die Kerngehäuse mit einem Kugelausstecher großzügig ausstechen. Das Bratwurstbrät in die Äpfel spritzen und die Deckel wieder darauflegen.

4 Eine ofenfeste Form mit etwa 1 EL Butter einfetten, den Apfelsaft und die Brühe hineingießen. Zitronen- und Orangenschale, Zimt, Ingwer, Knoblauch, Wacholderbeeren, Lorbeerblatt, Piment, Pfefferkörner und Petersilienblätter dazugeben. Die gefüllten Äpfel in die Form setzen, mit Alufolie zudecken und im Ofen auf der mittleren Schiene 30 bis 40 Minuten garen.

5 Inzwischen den Wirsing putzen, in die einzelnen Blätter teilen und die Blattrippen herausschneiden. Die Wirsingblätter in kochendem Salzwasser einige Minuten bissfest blanchieren. In ein Sieb abgießen, kalt abschrecken und abtropfen lassen. Das überschüssige Wasser mit den Händen aus den Blättern drücken. Die Blätter in Rauten schneiden.

6 Den Wirsing mit der Sahne in einer Pfanne erhitzen. Den Sahnemeerrettich und die Butter unterrühren. Mit Salz, je 1 Prise Chilipulver und Muskatnuss und der Orangenschale abschmecken. Kurz vor dem Servieren die Petersilienblätter unterheben.

7 Die Bratäpfel aus dem Ofen nehmen. Den Brat-Sud durch ein feines Sieb in einen kleinen Topf gießen und aufkochen. Die restliche Sahne und die übrige Butter dazugeben und die Sauce mit dem Stabmixer aufschäumen. Nach Belieben noch etwas abschmecken.

8 Den Meerrettichwirsing auf vorgewärmte tiefe Teller verteilen, etwas frischen Meerrettich darüberhobeln und je 1 Bratapfel daraufsetzen. Den Apfelschaum darum herumträufeln.

Schweinefilet im Brotmantel mit Kohlrabi-Pfifferling-Gemüse

Zutaten für 4 Personen

Für das Schweinefilet:
200 g Kalbsbrät
4 EL Sahne
1 gestr. TL Dijonsenf
1/2 TL getrockneter Thymian
4 Scheiben Tramezzinibrot
2 Schweinefilets (à 300 g; aus dem Mittelstück)
3 EL Petersilie (frisch geschnitten)
6–8 EL braune Butter (siehe Tipp S. 20)
Chilisalz

Für das Gemüse:
2 kleine Kohlrabi
100 g kleine Pfifferlinge
150 ml Gemüse- oder Hühnerbrühe
1 EL braune Butter
1 EL Petersilie (frisch geschnitten)
frisch geriebene Muskatnuss
Kardamomsamen aus der Mühle
4–5 EL Sahne
1/2 TL Dijonsenf
1 Msp. abgeriebene unbehandelte Limettenschale
Chilisalz

1 Für das Schweinefilet den Backofen auf 130 °C vorheizen. Ein Ofengitter auf die mittlere Schiene und darunter ein Abtropfblech schieben. Das Kalbsbrät mit der Sahne glatt rühren. Den Senf und den Thymian dazugeben und bei Bedarf mit etwas Salz würzen.

2 Je 2 Scheiben Tramezzinibrot mit der Längsseite leicht überlappend aufeinanderlegen und mit dem Nudelholz fest über die übereinanderliegenden Längsseiten rollen, damit sich die Brotscheiben miteinander verbinden. Beide Brotmäntel jeweils etwa 3 mm dick mit Brät bestreichen. Die Schweinefilets in der Petersilie wälzen. Auf jeden Brotmantel 1 Schweinefilet legen und das Brot so aufrollen, dass das Fleisch vollständig eingewickelt ist.

3 Die braune Butter in einer Pfanne erhitzen und die Filets im Brotmantel darin bei mittlerer Hitze rundum kräftig anbraten. Das Fleisch aus der Pfanne nehmen und auf dem Gitter im Ofen 25 bis 30 Minuten garen.

4 Für das Gemüse die Kohlrabi putzen, schälen und in dünne Spalten schneiden. Die Pfifferlinge verlesen und, falls nötig, trocken abreiben. Die Brühe in einem Topf aufkochen, die Kohlrabispalten dazugeben und in der Brühe 6 bis 7 Minuten dünsten. Die braune Butter in einer Pfanne erhitzen und die Pfifferlinge darin anbraten.

5 Die Kohlrabispalten mit dem Schaumlöffel aus der Brühe nehmen, abtropfen lassen und zu den Pfifferlingen geben. Das Kohlrabi-Pfifferling-Gemüse mit Petersilie, Muskatnuss und Kardamom abschmecken. Die Kohlrabibrühe in einen hohen Rührbecher geben, die Sahne und den Senf hinzufügen und mit dem Stabmixer aufschäumen. Die Sauce mit Limettenschale und Chilisalz würzen.

6 Das Schweinefilet mit einem Sägemesser quer zur Naht in Scheiben schneiden und mit Chilisalz würzen. Das Gemüse auf vorgewärmte Teller verteilen. Die Sauce nochmals kurz aufschäumen und darübergeben. Die Schweinefiletscheiben darauf anrichten.

Alfons Schuhbeck empfiehlt

Damit der Brotmantel rundum gleichmäßig bräunt, sollten Sie die Rolle unbedingt bei milder Hitze braten und immer wieder etwas drehen, sobald die Unterseite gebräunt ist. Der Brotmantel wird zuerst auf der Nahtseite angebraten, so schließt sich die Rolle sofort und bleibt in Form.

Lammkoteletts mit Estragon-Zitronen-Dip

1 Für die Lammkoteletts den Backofen auf 100 °C vorheizen. Ein Ofengitter auf die mittlere Schiene und darunter ein Abtropfblech schieben. Die Lammkarrees zwischen jedem zweiten Knochen durchschneiden und je einen Knochen wegschneiden. Die so entstandenen Lammkoteletts auf die Schnittseite legen und mit den Handballen etwas flach drücken.

2 Das Öl in einer Pfanne erhitzen und die Lammkoteletts darin bei mittlerer Hitze rundum hell anbraten. Die Koteletts aus der Pfanne nehmen und auf dem Gitter im Ofen 20 Minuten rosa durchziehen lassen.

3 Inzwischen in einer Pfanne bei milder Hitze die Weißbrotbrösel unter Rühren erwärmen. Die Butter und die Knoblauchzehe dazugeben und unter ständigem Rühren goldbraun rösten. Dann auf einen Teller geben.

4 Für den Estragon-Zitronen-Dip den Joghurt mit der Brühe und dem Senf glatt rühren. Estragon und Zitronenschale hinzufügen, unterrühren und den Dip mit Zitronensaft, Chilisalz und 1 Prise Zucker abschmecken.

5 Die Lammkoteletts auf einer Seite dünn mit Senf bestreichen und mit dieser Seite in die gerösteten Weißbrotbrösel eintauchen.

6 Die Lammkoteletts auf vorgewärmte Teller verteilen und den Estragon-Zitronen-Dip daneben anrichten.

Zutaten für 4 Personen

Für die Lammkoteletts:
2 Lammkarrees (à 300 – 350 g; küchenfertig)
1 – 2 TL Öl
50 g Weißbrotbrösel
1 EL Butter
1 Knoblauchzehe (ungeschält)
1 EL Dijonsenf

Für den Estragon-Zitronen-Dip:
150 g griechischer Joghurt
3 EL Gemüsebrühe
1/2 TL Dijonsenf
5 Estragonblätter (frisch geschnitten)
1 TL abgeriebene unbehandelte Zitronenschale
1 Spritzer Zitronensaft
mildes Chilisalz · Zucker

Alfons Schuhbeck empfiehlt

Besonders locker und knusprig werden die Brösel, wenn Sie sie zunächst in einer Pfanne ohne Fett bei mittlerer Temperatur erhitzen. Dann kommt so viel Butter dazu, dass sie von den Bröseln gerade aufgenommen wird. Die Brösel sollten dabei noch locker sein. Nun werden sie unter ständigem Rühren weitergeröstet, bis sie goldbraun sind. Die Brösel sofort aus der Pfanne nehmen, damit sie am heißen Pfannenboden nicht mehr nachbräunen können. Die Knoblauchzehe wird dabei ungeschält mitgegart, denn die Schale schützt die zarte Knoblauchzehe vor dem Verbrennen und die Brösel nehmen nur ein feines Knoblaucharoma an.

Hauptgerichte

Seeteufel auf dreierlei Tomaten

Zutaten für 4 Personen

Für den Seeteufel:
500 g Seeteufelfilet
4 EL mildes Olivenöl
2 Knoblauchzehen (in dünnen Scheiben)
2 Scheiben Ingwer
je 1 Streifen unbehandelte Zitronen- und Orangenschale
mildes Chilisalz

Für die Tomaten:
300 g kleine Tomaten (von 3 verschiedenen Sorten; z. B. gelbe, rote, schwarze oder grün gesprenkelte)
1 großer Artischockenboden (tiefgekühlt)
1/2 weiße Zwiebel
1 TL Puderzucker
1 Knoblauchzehe (fein gerieben)
1/2 TL Ingwer (fein gerieben)
80 ml Gemüsebrühe
1–2 TL kleine Kapern
1–2 EL milder Weinessig
3 EL Öl
mildes Chilisalz
Pfeffer aus der Mühle
1 EL Basilikum (frisch geschnitten)

1 Für den Seeteufel den Backofen auf 80 °C vorheizen. Das Seeteufelfilet waschen und trocken tupfen. In einer Pfanne 1 bis 2 TL Olivenöl erhitzen und das Filet rundum bei mittlerer Hitze kurz anbraten. Auf ein Backblech legen und im Ofen auf der mittleren Schiene je nach Dicke 20 bis 25 Minuten saftig durchziehen lassen.

2 Für die Tomaten alle Tomatensorten waschen, halbieren und die Stielansätze entfernen. Die Tomaten in Spalten schneiden. Den Artischockenboden in schmale Spalten schneiden. Die Zwiebel schälen und in feine Würfel schneiden.

3 Den Puderzucker in einer Pfanne bei milder Hitze hell karamellisieren, die Zwiebelwürfel darin andünsten. Die Artischockenspalten mit dem Knoblauch und dem Ingwer dazugeben und etwas darin ziehen lassen. Mit der Brühe ablöschen und vom Herd nehmen. Die Kapern hinzufügen, den Essig und das Öl unterrühren und mit Chilisalz und Pfeffer würzen. Zum Schluss das Basilikum hineingeben. Die Tomaten mit der Sauce marinieren und gegebenenfalls noch etwas nachwürzen.

4 Für den Fisch das restliche Olivenöl in einer großen Pfanne sanft erwärmen, den Knoblauch, den Ingwer, die Zitronen- und Orangenschale dazugeben und mit Chilisalz würzen. Das Seeteufelfilet vorsichtig darin wenden.

5 Den Tomatensalat auf Teller verteilen. Das Seeteufelfilet in Scheiben schneiden und darauflegen. Das Gewürzöl aus der Pfanne außen herumträufeln.

Alfons Schuhbeck empfiehlt

Alternativ können Sie auch 8 Seeteufelmedaillons (à ca. 70 g) aus dem Mittelstück verwenden. Diese in der Pfanne auf beiden Seiten kurz anbraten und dann im Ofen etwa 5 Minuten saftig durchziehen lassen. Frisches Seeteufelfilet sollte in jedem Fall schön weiß sein, d. h. die außenliegende grau-braune Schicht sollte unbedingt entfernt werden, denn diese schmeckt besonders tranig und fischig.

Gefüllte Calamari auf Tomaten-Gurken-Sauce

Zutaten für 4 Personen

Für die Calamari:
4 mittelgroße Calamarituben (à 60–80 g)
75 g Langkornreis
150 ml Gemüsebrühe
6 Safranfäden
1 Knoblauchzehe (in Scheiben)
2–3 Scheiben Ingwer
1 EL Rosinen
1 EL Pistazien (grob gehackt)
1 EL geröstete Mandelblättchen
mildes Chilisalz
2–3 EL mildes Olivenöl

Für die Tomaten-Gurken-Sauce:
100 g Salatgurke
2 Tomaten
1/2 rote Paprikaschote
3 EL Gemüsebrühe
1 kleine Knoblauchzehe (fein gerieben)
1/2 TL Ingwer (fein gerieben)
2–3 EL mildes Olivenöl
mildes Chilisalz
1 TL Rotweinessig
Zucker

1 Für die Calamari die Tuben waschen und trocken tupfen. Den Reis auf einem Sieb unter fließendem kaltem Wasser waschen, bis das Wasser klar abläuft. Den Reis mit der Brühe in einen Topf geben. Die Safranfäden, den Knoblauch und den Ingwer hinzufügen und zugedeckt bei milder Hitze 15 Minuten quellen lassen. Am Ende der Garzeit den Knoblauch und den Ingwer wieder entfernen.

2 Den Backofen auf 120 °C vorheizen. Die Rosinen, die Pistazien und die Mandeln unter den Reis rühren. Mit Chilisalz würzen. Die Tintenfischtuben damit füllen und mit Zahnstochern verschließen.

3 In einer Pfanne 1 bis 2 TL Olivenöl erhitzen und die Tintenfischtuben darin rundum kurz anbraten. Auf ein mit Backpapier belegtes Backblech geben und im Ofen auf der mittleren Schiene etwa 20 Minuten durchziehen lassen.

4 Für die Tomaten-Gurken-Sauce die Salatgurke schälen, längs halbieren und die Kerne entfernen. Die Tomaten kreuzweise einritzen, überbrühen, kalt abschrecken, häuten, vierteln und entkernen. Die Paprikaschote halbieren, entkernen, waschen und mit dem Sparschäler schälen.

5 Die Tomatenkerne mit der Brühe in einem kleinen Topf leicht erwärmen. Den Topf vom Herd nehmen, den Knoblauch und den Ingwer hineingeben, alles mit dem Stabmixer pürieren und durch ein Sieb passieren.

6 Von der Gurke, den Tomaten und der Paprikaschote so viel in kleine Würfel schneiden, dass sich jeweils 1 gehäufter EL davon ergibt. Die Gemüsewürfel mit 1 TL Olivenöl mischen, mit Chilisalz würzen und beiseitestellen. Das restliche Gemüse grob zerkleinern und mit dem Tomatenfond und dem Essig im Küchenmixer fein pürieren. Das übrige Olivenöl untermixen und je nach Konsistenz noch etwas Wasser hinzufügen. Mit Chilisalz und 1 Prise Zucker würzen.

7 Die Calamari aus dem Ofen nehmen, mit dem restlichen Olivenöl bestreichen und mit Chilisalz würzen. Die Tomaten-Gurken-Sauce auf tiefe Teller verteilen und die gefüllten Calamari darauf anrichten. Die beiseitegestellten Gemüsewürfel außen herumstreuen.

KROSS GEBRATENER ZANDER AUF LAUWARMEM BOHNENSALAT

1 Für den Bohnensalat die weißen Bohnen über Nacht in reichlich kaltem Wasser einweichen. Am nächsten Tag die Bohnen in ein Sieb abgießen. Die Zwiebel schälen, mit dem Lorbeerblatt belegen und mit den Gewürznelken feststecken. Die weißen Bohnen mit der gespickten Zwiebel in reichlich Wasser 1 1/2 bis 2 Stunden weich kochen. Die dicken Bohnen auftauen lassen.

2 Inzwischen für den Dip die saure Sahne mit den Kräutern und der Zitronenschale verrühren oder mit dem Stabmixer aufschäumen. Mit Zitronensaft und je 1 Prise Zucker und Chilisalz abschmecken.

3 Die dicken Bohnen in kochendem Wasser 1 Minute blanchieren, in ein Sieb abgießen und kalt abschrecken. Die Bohnenkerne aus den Häutchen drücken. Die Tomaten kreuzweise einritzen, überbrühen, kalt abschrecken, häuten, vierteln und entkernen. Die Tomatenviertel in Würfel schneiden. Die Frühlingszwiebeln putzen, waschen und in feine Ringe schneiden. Die weißen Bohnen in ein Sieb abgießen, abtropfen lassen und die gespickte Zwiebel entfernen.

4 Für das Dressing die Brühe mit dem Senf, dem Zitronensaft, Chilisalz und 1 Prise Zucker in einen hohen Rührbecher geben und mit dem Stabmixer verrühren. Das Olivenöl dabei in einem dünnen Strahl einfließen lassen. Zum Schluss den Knoblauch und den Ingwer untermixen. Beide Bohnensorten, die Tomatenwürfel und die Frühlingszwiebeln mit dem Dressing in einer Schüssel mischen.

5 Für den Fisch den Backofengrill einschalten und ein Backblech mit Öl einfetten. Die Zanderfilets waschen, trocken tupfen und halbieren. Das Öl in einer Pfanne erhitzen und die Filets mit der Hautseite nach unten bei mittlerer Hitze anbraten. Mit der Hautseite nach oben auf das Backblech setzen und im Ofen auf der untersten Schiene je nach Dicke der Filets etwa 4 Minuten fertig garen.

6 In einer Pfanne die braune Butter erwärmen, mit Chilisalz würzen und die Fischfilets mit der Hautseite nach oben hineinsetzen. Den Bohnensalat auf vorgewärmte Teller verteilen und je 1 Zanderfilet mit daraufsetzen. Den Dip dekorativ darum herumträufeln.

Zutaten für 4 Personen

Für den Salat:
100 g getrocknete kleine weiße Bohnen (Cannellini; ersatzweise 200 g weiße Bohnen aus der Dose)
1 kleine Zwiebel
1 Lorbeerblatt
2 Gewürznelken
250 g frische dicke Bohnen (ersatzweise tiefgekühlt)
2 Tomaten
2 Frühlingszwiebeln
50 ml lauwarme Gemüsebrühe
1/2 TL Dijonsenf
2 EL Zitronensaft
Chilisalz · Zucker
5–6 EL Olivenöl
1 Msp. geriebener Knoblauch
1 Msp. geriebener Ingwer

Für den Dip:
150 g saure Sahne
1–2 TL Dillspitzen (grob gehackt)
1–2 TL Korianderblätter (grob gehackt)
1 Msp. abgeriebene unbehandelte Zitronenschale
1 Spritzer Zitronensaft
Zucker · Chilisalz

Für den Fisch:
Öl für das Blech
4 Zanderfilets (à ca. 125 g; mit Haut, ohne Gräten)
1 EL Öl · 3 EL braune Butter (siehe Tipp S. 20)
mildes Chilisalz

Alfons Schuhbeck empfiehlt

Zanderfilets können gut vorbereitet werden: Die Filets auf der Hautseite anbraten und mit der anderen Seite nach unten auf ein leicht geöltes Backblech setzen. Kurz vor dem Servieren unter dem Grill einige Minuten fertig braten.

Zander am Stück gebraten auf Apfel-Ingwer-Wirsing

Zutaten für 4 Personen

Für den Zander:
1 ganzes Schwanzstück eines großen Zanders (ca. 700 g; küchenfertig)
2 EL Öl
6 EL braune Butter (siehe Tipp S. 20)
1 Knoblauchzehe (in dünnen Scheiben)
2 Scheiben Ingwer
1/4 Zimtrinde
5 grüne Kardamomkapseln (angedrückt)
1/4 ausgekratzte Vanilleschote
je 2 Streifen unbehandelte Zitronen- und Orangenschale
mildes Chilisalz

Für den Wirsing:
1/2 Wirsing
Salz
1 rotbackiger Apfel
1–2 EL eingelegter Ingwer
1 TL Puderzucker
2 EL Butter
80 ml Gemüsebrühe
1 EL braune Butter
1–2 TL Petersilie (frisch geschnitten)
1–2 TL Dillspitzen (frisch geschnitten)
Pfeffer aus der Mühle
mildes Chilipulver
frisch geriebene Muskatnuss

1 Für den Zander den Backofen auf 100 °C vorheizen. Das Zanderstück waschen, trocken tupfen und die Haut mit einem scharfen Messer kreuzweise leicht einritzen. Das Öl in einer großen Pfanne erhitzen und den Fisch darin rundum hell anbraten. Auf ein Backblech legen und im Ofen auf der mittleren Schiene 40 Minuten saftig durchziehen lassen.

2 Inzwischen für den Wirsing den Wirsing putzen, in die einzelnen Blätter teilen, diese halbieren und dabei die Blattrippen entfernen. Die Blätter in Rauten schneiden und in kochendem Salzwasser in 6 bis 8 Minuten weich garen. Abgießen, kalt abschrecken, abtropfen lassen und überschüssiges Wasser ausdrücken.

3 Den Apfel waschen, vierteln und mit der Schale in schmale Spalten schneiden. Den Ingwer in feine Streifen schneiden. Den Puderzucker in einer Pfanne hell karamellisieren, die Apfelspalten darin auf beiden Seiten anbraten. 1 EL Butter dazugeben und schmelzen.

4 Die Brühe mit dem blanchierten Wirsing und dem Ingwer zu den Apfelspalten in die Pfanne geben und erhitzen. Die übrige Butter mit der braunen Butter, der Petersilie und dem Dill unterrühren. Mit Salz, Pfeffer, Chilipulver und 1 Prise Muskatnuss würzen.

5 Für den Zander die braune Butter in einer Pfanne mit Knoblauch, Ingwer, Zimt, Kardamom, Vanillemark, Zitronen- und Orangenschale erwärmen und mit Chilisalz würzen. Das gegarte Zanderstück darin wenden.

6 Die Zanderfilets von der Gräte lösen. Den Wirsing auf vorgewärmten Tellern verteilen, die Apfelspalten danebenlegen und die Zanderfilets darauf anrichten.

Alfons Schuhbeck empfiehlt

Dieses Teilstück vom Zander lässt sich äußerst leicht filetieren, da es nach der Bauchhöhle abgetrennt wird und somit keine Stehgräten und auch keine Bauchgräten enthält.

Glasierte Kalbsschulter mit Zucchini-Paprika-Gemüse

Zutaten für 4 Personen

Für die Kalbsschulter:
2 Zwiebeln
1 kleine Karotte
100 g Knollensellerie
2 EL Öl
ca. 1 kg flache Kalbsschulter (Schaufelbug; küchenfertig)
1–2 TL Puderzucker
1 EL Tomatenmark
300 ml kräftiger Rotwein
1 l Hühnerbrühe (oder Kalbsfond)
1/2 TL Pimentkörner
1/2 TL schwarze Pfefferkörner
1 Stück Zimtrinde
5 Wacholderbeeren (angedrückt)
1 Lorbeerblatt
1 Knoblauchzehe (in Scheiben)
2 Scheiben Ingwer
1–2 TL Speisestärke
1 Spritzer Mandellikör (z. B. Amaretto)
1 EL Granatapfelsirup

Für das Gemüse:
1 kleiner gelber Zucchino
1 kleiner grüner Zucchino
1 rote Paprikaschote
80 g kleine weiße Champignons
80 g Zuckerschoten
1–2 EL braune Butter (siehe Tipp S. 20)
getrocknetes Bohnenkraut
1 Knoblauchzehe (in Scheiben)
Chilisalz

Außerdem:
1 EL Granatapfelkerne
1 EL geröstete Mandelblättchen

1 Für die Kalbsschulter den Backofen auf 150 °C vorheizen. Die Zwiebeln schälen, die Karotte und den Knollensellerie putzen und schälen. Das Gemüse in 1 cm große Würfel schneiden. In einer Pfanne 1 EL Öl erhitzen, die Kalbsschulter darin bei mittlerer Hitze rundum anbraten und aus der Pfanne nehmen. Das Gemüse im verbliebenen Bratfett andünsten.

2 Den Puderzucker in einen Bräter stäuben und hell karamellisieren. Das Tomatenmark dazugeben und kurz anrösten. Mit einem Drittel des Weins ablöschen und sirupartig einkochen lassen. Den restlichen Rotwein nach und nach angießen und jeweils einköcheln lassen. Das Gemüse und die Brühe in den Bräter geben. Die Kalbsschulter daraufsetzen und zugedeckt im Ofen auf der untersten Schiene etwa 1 1/2 Stunden schmoren, dabei das Fleisch ab und zu wenden. Nach 1 Stunde die Gewürze, den Knoblauch und den Ingwer dazugeben.

3 Für das Gemüse die Zucchini putzen, waschen und längs halbieren. Die Hälften in 1/2 cm dicke Scheiben schneiden. Die Paprikaschote halbieren, entkernen, waschen und mit dem Sparschäler schälen. Die Paprikahälften in Rauten schneiden. Die Champignons putzen, falls nötig, mit Küchenpapier trocken abreiben. Die Zuckerschoten putzen, waschen und schräg in Stücke schneiden. In kochendem Salzwasser bissfest blanchieren, in ein Sieb abgießen, in Eiswasser abschrecken und abtropfen lassen.

4 In einer großen Pfanne 1 EL braune Butter erhitzen und das Gemüse darin bei mittlerer Hitze anbraten. 1 Prise Bohnenkraut und den Knoblauch dazugeben und mit Chilisalz würzen. Vor dem Servieren die restliche Butter zum Gemüse geben und darin schmelzen.

5 Das Fleisch aus dem Bräter nehmen und warm stellen. Die Sauce durch ein feines Sieb in einen Topf passieren und dabei das Gemüse gut ausdrücken. Die Stärke mit etwas kaltem Wasser glatt rühren. Unter die leicht kochende Sauce rühren und auf etwa die Hälfte einköcheln lassen. Die Sauce mit Amaretto und Granatapfelsirup abschmecken und nach Belieben mit etwas Salz würzen.

6 Die Kalbsschulter in Scheiben schneiden, auf vorgewärmten Tellern anrichten und mit der Sauce überziehen. Das Zucchini-Paprika-Gemüse daneben anrichten und mit Granatapfelkernen und Mandelblättchen bestreuen (Rezeptfoto siehe S. 60–61).

ROASTBEEF MIT BRATKARTOFFELN UND GEMÜSEREMOULADE

1 Für die Remoulade die Eier 10 Minuten hart kochen, kalt abschrecken, pellen und klein hacken. Die Karotte putzen und schälen, die Zucchini putzen und waschen. Beides in Würfel schneiden. Die Karottenwürfel in kochendem Salzwasser 1 Minute blanchieren, die Zucchiniwürfel dazugeben und 1 weitere Minute blanchieren. Abgießen, kalt abschrecken und abtropfen lassen. Die Schalotte schälen und in feine Würfel schneiden. Die Essiggurke ebenfalls in feine Würfel schneiden. Die Kapern grob hacken. In einer Schüssel die Crème fraîche mit dem Senf verrühren. Eier, Gemüse, Essiggurke, Kapern, Kerbel und die Schnittlauchröllchen dazugeben und gut untermischen. Die Remoulade mit Zitronensaft und -schale und je 1 Prise Zucker und Chilisalz abschmecken und zugedeckt kühl stellen.

2 Für das Roastbeef den Backofen auf 100 °C vorheizen. Ein Ofengitter auf die mittlere Schiene und darunter ein Abtropfblech schieben. Das Öl in einer großen Pfanne erhitzen und das Roastbeef darin bei mittlerer Hitze rundum anbraten. Das Fleisch aus der Pfanne nehmen und auf dem Gitter im Ofen etwa 2 Stunden rosa garen (siehe S. 13). Anschließend in 1 bis 2 EL brauner Butter wenden und mit Chilisalz würzen.

3 Für die Bratkartoffeln die Kartoffeln waschen und mit der Schale in einem Topf in Salzwasser mit dem Kümmel weich garen. Die Kartoffeln abgießen, kurz ausdampfen lassen, möglichst heiß pellen und auskühlen lassen.

4 Die gegarten Kartoffeln in 1/2 cm dicke Scheiben schneiden. Die Zwiebel schälen und in feine Streifen schneiden. Das Öl in einer großen Pfanne erhitzen und die Kartoffeln darin bei milder Hitze auf einer Seite goldbraun braten. Die Kartoffelscheiben wenden, die Zwiebelstreifen dazugeben und beides goldbraun braten. Mit 1 Prise Kümmel, dem Majoran und etwas Chilisalz würzen. Die Petersilie, den Ingwer, den Knoblauch und die Zitronenschale untermischen.

5 Das Roastbeef aus dem Ofen nehmen und dünn aufschneiden. Die Fleischscheiben auf vorgewärmte Teller legen. Mit der restlichen braunen Butter bestreichen und mit etwas Chilisalz würzen. Die Bratkartoffeln und die Remoulade daneben anrichten und nach Belieben mit Kerbelblättern garnieren.

Zutaten für 4 Personen

Für die Remoulade:
2 Eier
1/2 kleine Karotte
je 1/4 kleiner gelber und grüner Zucchino
Salz · 1 Schalotte
1 kleine Essiggurke
1 EL kleine Kapern
200 g Crème fraîche
1–2 TL Dijonsenf
1 EL Kerbel (frisch geschnitten)
1 EL Schnittlauchröllchen
1–2 TL Zitronensaft
1 Msp. abgeriebene unbehandelte Zitronenschale
Zucker
mildes Chilisalz

Für das Roastbeef:
1,2 kg Rinderrücken (küchenfertig)
1–2 EL Öl
3–4 EL zerlassene braune Butter (siehe Tipp S. 20)
mildes Chilisalz

Für die Bratkartoffeln:
1 kg festkochende Kartoffeln
Salz · 1 TL ganzer Kümmel
1 Zwiebel · 1–2 EL Öl
gemahlener Kümmel
1/2–1 TL getrockneter Majoran
Chilisalz
1 EL Petersilie (frisch geschnitten)
1 Msp. geriebener Ingwer
1 Msp. geriebener Knoblauch
1 Msp. abgeriebene unbehandelte Zitronenschale

Rinderfilet im Strudelteig auf Bohnen-Paprika-Gemüse

Zutaten für 4 Personen

Für das Rinderfilet:
120 ml Gemüsebrühe
1–2 EL getrocknete Totentrompeten (schwarze Trompetenpilze)
250 g Kalbsbrät
2–3 EL Sahne
1 TL Dijonsenf
Salz · Pfeffer aus der Mühle
frisch geriebene Muskatnuss
1 Msp. abgeriebene unbehandelte Zitronenschale
1 EL Petersilie (frisch geschnitten)
8 Strudelteigblätter (à 20 x 20 cm; aus dem Kühlregal)
3–4 EL zerlassene braune Butter (siehe Tipp S. 20)
4 Rinderfiletsteaks (à 100 g; ca. 2 cm dick)

Für das Gemüse:
250 g breite Bohnen
Salz · 1 rote Paprikaschote
100 g Austernpilze, Champignons oder Egerlinge
80 ml Gemüsebrühe
1 Knoblauchzehe (in Scheiben)
1–2 Scheiben Ingwer
1 Msp. abgeriebene unbehandelte Zitronenschale · Chilisalz
1 EL Dillspitzen (frisch geschnitten)
1 EL braune Butter

Für die Sauce:
1/2 TL Speisestärke · 80 g Sahne
1 Msp. abgeriebene unbehandelte Zitronenschale
1 EL kalte Butter

1 Für das Rinderfilet die Brühe in einem kleinen Topf erhitzen, die Totentrompeten dazugeben und aufkochen lassen. Vom Herd nehmen und 15 Minuten ziehen lassen. In ein feines Sieb abgießen, dabei die Pilzbrühe auffangen und beiseitestellen. Die Pilze abkühlen lassen und klein schneiden. Das Kalbsbrät mit der Sahne glatt rühren. Den Senf dazugeben und mit Salz, Pfeffer und Muskatnuss würzen. Die Zitronenschale, die Petersilie und die Trompetenpilze unterrühren.

2 Die Hälfte der Strudelteigblätter mit etwas brauner Butter bestreichen, mit je 1 weiteren Teigblatt belegen und kreisförmig, mit einem Durchmesser von 20 cm, ausschneiden. In der Mitte mit etwa einem Drittel der Kalbsbrätmasse in Größe der Filets bestreichen. Je 1 Rinderfilet darauflegen und die restliche Brätmasse um die Filets herumstreichen. Den Strudelteig darüber zu einem runden Päckchen verschließen und die Enden fest aneinanderdrücken.

3 Den Backofen auf 140 °C vorheizen. Die restliche braune Butter in einer Pfanne erhitzen und die Strudelpäckchen darin bei mittlerer Hitze rundum goldbraun anbraten, dabei auf der Nahtseite zuerst anbraten. Auf ein Backblech legen und im Ofen auf der mittleren Schiene 9 bis 10 Minuten garen.

4 Für das Gemüse die Bohnen putzen, waschen und schräg in 1 bis 2 cm breite Rauten schneiden. In Salzwasser 5 bis 6 Minuten blanchieren, kalt abschrecken und auf einem Sieb abtropfen lassen. Die Paprikaschote halbieren, entkernen, waschen, mit dem Sparschäler schälen und in 1 bis 2 cm große Rauten schneiden. Die Pilze putzen, falls nötig, trocken abreiben und in Stücke schneiden.

5 Die Brühe in einer Pfanne erhitzen und die Paprikaschote darin bei mittlerer Hitze bissfest dünsten. Bohnen, Austernpilze, Knoblauch und Ingwer hinzufügen und die Pfanne vom Herd nehmen. Das Gemüse mit Zitronenschale, Chilisalz und Dill würzen. Die braune Butter unterrühren, Knoblauch und Ingwer wieder entfernen.

6 Für die Sauce die Pilzbrühe in einem kleinen Topf erhitzen. Die Speisestärke mit wenig kaltem Wasser glatt rühren. Unter die leicht kochende Pilzbrühe rühren, bis sie sämig gebunden ist. Die Sahne und die Zitronenschale dazugeben und bei Bedarf mit etwas Salz nachwürzen. Zum Schluss die Butter mit dem Stabmixer untermixen.

7 Die Strudelpäckchen mit einem Sägemesser oder einem scharfen Messer halbieren und mit dem Bohnen-Paprika-Gemüse auf vorgewärmten Tellern anrichten. Den Pilzschaum außen herumträufeln.

Altbayerischer Rinderbraten mit Grünkohl und Rosenkohl

Zutaten für 4 Personen

Für den Rinderbraten:
2 Zwiebeln
100 g Knollensellerie
1 kleine Karotte · 3 EL Öl
1 1/2 kg flache Rinderschulter (Schaufelbug; küchenfertig)
1 EL Puderzucker
1 EL Tomatenmark
5 EL Weinbrand
350 ml kräftiger Rotwein
1 l Hühnerbrühe
1 TL Glühweingewürz
1 Knoblauchzehe (halbiert)
2 Scheiben Ingwer
je 1 Streifen unbehandelte Zitronen- und Orangenschale
1 TL Speisestärke
40 g kalte Butter (in Stücken)
2 TL saurer Granatapfelsirup
1 TL süßer Granatapfelsirup
Salz · mildes Chilipulver

Für die Kastanienspätzle:
6 Eier · Salz
150 g Mehl
150 g Kastanienmehl (aus dem Reformhaus)
2 EL braune Butter (siehe Tipp S. 20)
Pfeffer aus der Mühle
frisch geriebene Muskatnuss

Für das Kohlgemüse:
400 g Grünkohl · Salz
300 g Rosenkohl
80 ml Hühnerbrühe
2 Knoblauchzehen (in Scheiben)
5 Scheiben Ingwer
1/2 ausgekratzte Vanilleschote
2 EL kalte Butter
mildes Chilisalz
frisch geriebene Zimtrinde
2 EL Granatapfelkerne

1 Für den Rinderbraten Zwiebeln, Sellerie und Karotte putzen, schälen und in 1 cm große Würfel schneiden. Den Backofen auf 160 °C vorheizen. Das Fleisch in einem Bräter in 2 EL Öl bei mittlerer Hitze rundum anbraten und herausnehmen. Den Puderzucker hineinstäuben und hell karamellisieren. Tomatenmark darin kurz rösten. Mit Weinbrand und einem Drittel des Weins ablöschen, sirupartig einkochen lassen. Den restlichen Rotwein in 2 Portionen dazugeben und jeweils einköcheln lassen. Die Gemüsewürfel im restlichen Öl bei mittlerer Hitze andünsten. Mit der Brühe in den Bräter geben, die Rinderschulter daraufsetzen und zugedeckt im Ofen auf der untersten Schiene 3 1/2 Stunden schmoren. Das Fleisch gelegentlich wenden.

2 Inzwischen für die Kastanienspätzle die Eier mit 1 Prise Salz verquirlen. Beide Mehlsorten mischen, nach und nach zu den Eiern geben. Den Teig kräftig durchschlagen, bis er glänzt und Blasen wirft. Zugedeckt 20 Minuten ruhen lassen. Reichlich Salzwasser zum Kochen bringen. Den Teig portionsweise mit einem Spätzlehobel oder einer Spätzlepresse in das Wasser geben. Einmal aufkochen lassen, mit dem Schaumlöffel herausnehmen und abtropfen lassen. Vor dem Servieren die Spätzle kurz in der erwärmten braunen Butter schwenken. Mit Salz, Pfeffer und 1 Prise Muskatnuss würzen.

3 Für das Kohlgemüse vom Grünkohl die zarten Blätter von den Stielen zupfen und gründlich waschen. Den Grünkohl in kochendem Salzwasser etwa 4 Minuten fast weich kochen. In ein Sieb abgießen, kalt abschrecken und gut abtropfen lassen. Vom Rosenkohl die äußeren Blättchen entfernen und den Strunk kreuzweise einschneiden. In kochendem Salzwasser 4 bis 5 Minuten fast weich kochen. In ein Sieb abgießen, kalt abschrecken und abtropfen lassen. Die Brühe mit Knoblauch, Ingwer und Vanilleschote erwärmen. Grünkohl und Rosenkohl darin erhitzen, die Butter dazugeben und mit Chilisalz und Zimtrinde würzen. Ingwer vor dem Servieren wieder entfernen.

4 Das Fleisch aus dem Bräter nehmen und warm stellen. Die Sauce um etwa die Hälfte einköcheln lassen und das Glühweingewürz dazugeben. Knoblauch, Ingwer, Zitronen- und Orangenschale hinzufügen und 5 Minuten ziehen lassen. Die Sauce durch ein Sieb abgießen, das Gemüse etwas ausdrücken. Die Speisestärke mit wenig kaltem Wasser glatt rühren und die köchelnde Sauce geben, bis diese sämig bindet. Die kalte Butter in Stücken unterrühren und mit den beiden Sorten Granatapfelsirup, Salz und Chilipulver abschmecken.

5 Die Rinderschulter in Scheiben schneiden und mit der Sauce auf vorgewärmten Tellern anrichten. Das Kohlgemüse danebengeben, mit den Granatapfelkernen bestreuen und die Spätzle dazu reichen.

GEGRILLTES LENDENSTEAK MIT BUNTEM SOMMERGEMÜSE

Zutaten für 4 Personen

Für die Steaks und die Sauce:
1–2 TL Öl
4 Rinderlendensteaks (à 200 g)
mildes Chilisalz
200 ml Hühnerbrühe
2 TL Café-de-Paris-Gewürzmischung (aus dem Gewürzladen)
1/2–1 TL Speisestärke
50 g kalte Butter

Für das Gemüse:
1 Bund Minikarotten
Salz
200 g Blumenkohl
150 g frische dicke Bohnen (ersatzweise tiefgekühlt)
1 Bund Frühlingszwiebeln
80 g kleine Pilze (z. B. Pioppini oder Pfifferlinge)
100 g Cocktailtomaten
1–2 TL braune Butter (siehe Tipp S. 20)
mildes Chilisalz
gemahlener Kümmel
1/2 TL abgeriebene unbehandelte Zitronenschale
1 EL Petersilie (frisch geschnitten)
2 EL kalte Butter
1 Zweig Rosmarin
5 EL Hühnerbrühe
1 Knoblauchzehe (in Scheiben)
2 Scheiben Ingwer
1/4 ausgekratzte Vanilleschote
1 Streifen unbehandelte Zitronenschale
frisch geriebene Muskatnuss

1 Für die Steaks den Backofen auf 100 °C vorheizen. Auf die mittlere Schiene ein Ofengitter und darunter ein Abtropfblech schieben. Mit einem Pinsel das Öl in einer Grillpfanne verteilen und die Steakscheiben darin rundum bei mittlerer Hitze anbraten. Auf das Ofengitter legen und im Ofen etwa 40 Minuten rosa durchziehen lassen (siehe S. 13). Anschließend mit Chilisalz würzen.

2 Für die Sauce den Bratenansatz in der Pfanne mit der Brühe ablöschen und das Café-de-Paris-Gewürz hineinrühren. Die Speisestärke mit wenig kaltem Wasser glatt rühren und in die köchelnde Brühe geben, bis diese sämig bindet. Die kalte Butter unterrühren und die Sauce mit Chilisalz würzen.

3 Für das Gemüse das Grün der Minikarotten bis auf 1 cm kürzen. Die Karotten schälen und in kochendem Salzwasser 6 bis 8 Minuten fast weich garen. Kalt abschrecken und abtropfen lassen. Den Blumenkohl in kleine Röschen teilen, in kochendem Salzwasser etwa 4 Minuten fast weich garen. Kalt abschrecken und abtropfen lassen.

4 Die dicken Bohnen in Salzwasser 1 Minute blanchieren, kalt abschrecken und aus den Häutchen drücken. Die Frühlingszwiebeln putzen, waschen und quer halbieren. In kochendem Salzwasser 3 bis 4 Minuten fast weich garen, kalt abschrecken und abtropfen lassen. Die Pilze putzen, falls nötig, waschen und trocken tupfen. Die Cocktailtomaten waschen und quer halbieren.

5 Die braune Butter in einer Pfanne erhitzen, die Pilze darin bei mittlerer Hitze etwa 2 Minuten anbraten und mit Chilisalz, 1 Prise Kümmel und der Zitronenschale würzen. Die Petersilie und 1 EL kalte Butter dazugeben.

6 Den Rosmarin waschen und trocken schütteln. Die Brühe mit den Karotten, dem Blumenkohl, den Bohnen, den Frühlingszwiebeln und den Cocktailtomaten in einer zweiten Pfanne bei milder Hitze erwärmen. Den Knoblauch, den Ingwer, die Vanilleschote, den Rosmarin und die Zitronenschale dazugeben, 2 bis 3 Minuten darin ziehen lassen und wieder entfernen. Das Gemüse mit Chilisalz und Muskatnuss würzen und die restliche kalte Butter hinzufügen.

7 Die Lendensteaks auf vorgewärmte Teller verteilen, mit der Sauce beträufeln, das Gemüse danebenlegen und die Pilze darüberstreuen.

Spareribs mit Bohnen-Mais-Salat und Bratkartoffelsalat

Zutaten für 4 Personen

Für die Spareribs:
1 Zwiebel · 1 Lorbeerblatt
2 Gewürznelken · 3 kg ungewürzte Schälrippchen (in Doppelrippchen zerteilt) · Salz · 1 TL Pimentkörner
1 TL schwarze Pfefferkörner
250 g Tomatenketchup · 6 EL Öl
12 EL helle Sojasauce
4 EL Worcestershiresauce
1 TL Räucherpaprikapulver
2 TL Paprikapulver (edelsüß)
4 EL Ingwer (gemahlen)
8 EL Knoblauchpulver
1/2 TL mildes Chilipulver
je 1 TL gemahlener Kümmel und gemahlener Kreuzkümmel

Für den Bohnen-Mais-Salat:
80 ml Gemüsebrühe · 1–2 EL Rotweinessig · 1 TL Dijonsenf
4 EL Öl · 4 EL Olivenöl
Salz · Pfeffer aus der Mühle
mildes Chilipulver · Zucker
150 g Kidneybohnen (aus der Dose)
100 g Maiskörner (aus der Dose)
1 rote Paprikaschote · 1 Avocado
2 kleine Frühlingszwiebeln
1 EL gehackte Kräuter (z. B. Petersilie, Kerbel, Dill, 1–2 Minzeblätter)

Für den Bratkartoffelsalat:
100 ml Gemüsebrühe · 3–4 EL Rotweinessig · 2 Scheiben Knoblauch
Salz · Zucker · mildes Chilipulver
je 3 EL mildes Oliven- und Salatöl · 1 Schalotte
800 g kleine festkochende Kartoffeln · 1 TL ganzer Kümmel
2 Bund Frühlingszwiebeln
200 g breite Bohnen
1–2 EL Öl · Pfeffer aus der Mühle
getrockneter Majoran
gemahlener Kümmel

1 Für die Spareribs die Zwiebel schälen und das Lorbeerblatt mit den Gewürznelken darauf feststecken. Die Spareribs in Salzwasser mit der gespickten Zwiebel, Piment und Pfeffer knapp unter dem Siedepunkt 40 bis 45 Minuten ziehen lassen. Für die Marinade den Ketchup mit dem Öl, der Sojasauce, der Worcestershiresauce, beiden Sorten Paprikapulver, Ingwer, Knoblauch, Chilipulver, Kümmel, Kreuzkümmel und 2 TL Salz verrühren.

2 Den Backofen auf 200 °C vorheizen. Ein Ofengitter auf die mittlere Schiene und darunter ein Abtropfblech schieben. Die Spareribs mit der Marinade bestreichen und auf dem Gitter im Ofen 20 bis 30 Minuten braten.

3 Für den Bohnen-Mais-Salat die Brühe mit dem Essig und dem Senf in einen hohen Rührbecher geben, beide Ölsorten untermixen und mit Salz, Pfeffer, je 1 Prise Chilipulver und Zucker würzen. Die Bohnen und den Mais auf einem Sieb abbrausen und abtropfen lassen.

4 Die Paprikaschote halbieren, entkernen, waschen und in Würfel schneiden. Die Avocado halbieren und den Kern entfernen. Die Avocadohälften schälen und in 1 cm große Würfel schneiden. Die Frühlingszwiebeln putzen, waschen und in Ringe schneiden. Alle Gemüsesorten mit den Kräutern und der Salatmarinade mischen, 10 Minuten ziehen lassen und, falls nötig, noch etwas nachwürzen.

5 Für den Bratkartoffelsalat die Brühe mit dem Essig und dem Knoblauch in einen hohen Rührbecher geben und mit dem Stabmixer verrühren. Mit Salz, Zucker und Chilipulver würzen und das Olivenöl und Salatöl untermixen. Die Schalotte schälen, in feine Ringe schneiden und mit 1 EL Dressing vermischen.

6 Die Kartoffeln waschen und mit der Schale in reichlich Salzwasser mit dem Kümmel etwa 15 Minuten weich garen. Abgießen, kurz ausdampfen lassen, noch heiß pellen, abkühlen lassen und in Scheiben schneiden. Die Frühlingszwiebeln und die Bohnen putzen, waschen und schräg in 1 1/2 cm große Stücke schneiden. Die Bohnen in kochendem Salzwasser 5 Minuten blanchieren. In ein Sieb abgießen, kalt abschrecken und abtropfen lassen.

7 Das Öl in einer Pfanne erhitzen und die Kartoffeln darin bei mittlerer Hitze anbraten. Die Frühlingszwiebeln hinzufügen und einige Minuten mitbraten. Die Bohnen dazugeben und mit Salz, Pfeffer und je 1 Prise Majoran und Kümmel würzen. In eine Schüssel füllen und mit dem restlichen Dressing mischen. Die Schalottenringe daraufgeben. Die Spareribs auf Teller verteilen und die Salate dazu reichen.

GEGRILLTE SPANFERKELHAXEN AUF SELLERIE-APFEL-SALAT

1 Für die Spanferkelhaxen die Zwiebel schälen und das Lorbeerblatt mit den Gewürznelken darauf feststecken. In einem großen Topf reichlich Salzwasser aufkochen. Die gespickte Zwiebel, die Wacholderbeeren und den Pfeffer hinzufügen. Die Spanferkelhaxen darin knapp unter dem Siedepunkt 1 1/2 Stunden ziehen lassen, dabei den aufsteigenden Schaum abschöpfen. Die Haxen herausnehmen und die Schwarte einschneiden.

2 Den Backofen auf 220 °C (Umluft) vorheizen. Ein Ofengitter auf die mittlere Schiene und darunter ein Abtropfblech schieben. Die Spanferkelhaxen mit Salz und Kümmel bestreuen und auf das Ofengitter legen. Im Ofen knapp 1 1/2 Stunden kross braten, nach Belieben gegen Ende der Garzeit den Backofengrill dazuschalten.

3 Für den Sellerie-Apfel-Salat von der Sellerieknolle 4 große, dünne Scheiben abschneiden, schälen und in der Brühe 8 bis 10 Minuten weich garen. Etwas auskühlen lassen. Den Apfelsaft bis auf 2 EL einköcheln lassen und mit 5 EL Selleriebrühe, dem Apfelessig und dem Salatöl verrühren. Mit Salz und Chilipulver würzen. Die Selleriescheiben darin einlegen. Die übrige Gemüsebrühe kann zum Kochen von anderen Gerichten, beispielsweise Suppen, weiter verwendet werden.

4 Den Apfel waschen, vierteln, entkernen und mit der Schale in schmale Spalten schneiden. Den Puderzucker in einer Pfanne karamellisieren und die Apfelspalten darin andünsten. Zum Schluss die kalte Butter dazugeben.

5 Für die Zimtkarotten die Zwiebel schälen und in feine Würfel schneiden. Von den Karotten das Grün bis auf 1 cm kürzen und die Karotten mit einem Sparschäler schälen. Den Puderzucker in einem Topf bei mittlerer Hitze hell karamellisieren. Die Zwiebel darin andünsten, die Karotten dazugeben, kurz mitdünsten und mit Brühe auffüllen. Knoblauch, Ingwer, Zimt, Kardamom und Vanilleschote hinzufügen und zugedeckt etwa 10 Minuten weich dünsten. Zum Schluss die Zitronen- und Orangenschale einlegen, die Butter unterrühren und die Karotten mit Muskatnuss und Chilisalz würzen. Zitronen- und Orangenschale entfernen und die Petersilie untermischen.

6 Die Selleriescheiben auf vorgewärmte Teller legen. Die Äpfel und Karotten außen herum verteilen. Die Spanferkelhaxen von den Knochen lösen und je 1 Haxe auf die Selleriescheiben legen.

Zutaten für 4 Personen

Für die Spanferkelhaxen:
1 Zwiebel
1 Lorbeerblatt
3 Gewürznelken
Salz · 3 Wacholderbeeren
1 TL schwarze Pfefferkörner
4 hintere Spanferkelhaxen
(à ca. 800 g; küchenfertig)
1 TL ganzer Kümmel

Für den Sellerie-Apfel-Salat:
1 mittelgroße Sellerieknolle
1/2 l Gemüsebrühe
1/8 l Apfelsaft
2 EL Apfelessig (ersatzweise Weißweinessig)
4 EL mildes Salatöl
Salz
1 Msp. mildes Chilipulver
1 rotbackiger Apfel (Elstar oder Jonagold)
1–2 TL Puderzucker
1 EL kalte Butter

Für die Zimtkarotten:
1/2 kleine weiße Zwiebel (50 g)
1 Bund Minikarotten
1/2 TL Puderzucker
80 ml Gemüsebrühe
1 kleine Knoblauchzehe
(in Scheiben)
2 Scheiben Ingwer
1/2 Zimtrinde
2 grüne Kardamomkapseln
1/4 ausgekratzte Vanilleschote
je 1 Streifen unbehandelte Zitronen- und Orangenschale
1 EL kalte Butter
frisch geriebene Muskatnuss
mildes Chilisalz
1 TL Petersilie
(frisch geschnitten)

Osterschinken mit Frühlings-gemüse und Senfsauce

Zutaten für 4 Personen

Für den Osterschinken:
1 gepökelte, entbeinte Spanferkelschulter (1,3–1,5 kg)
2 Zwiebeln · 1 Lorbeerblatt
2 Gewürznelken · 1 Karotte
200 g Knollensellerie
1/2 Stange Lauch
3 Scheiben Ingwer
1 TL Fenchelsamen
1/4 TL milde Chiliflocken
je 1 TL Wacholderbeeren (angedrückt), schwarze Pfefferkörner, getrockneter Majoran, ganzer Kümmel, Piment- und Korianderkörner
je 1 Streifen unbehandelte Zitronen- und Orangenschale

Für die Sauce:
80–100 g Sahne
1–2 TL Dijonsenf
1–2 TL süßer Senf
1 kleines Stückchen Butter
je 1 Msp. abgeriebene unbehandelte Zitronen- und Orangenschale
1 Msp. geriebener Ingwer · Salz

Für das Gemüse:
12 Minikarotten
80 g Zuckerschoten
6 Minizucchini
4 Frühlingszwiebeln
4 Mini-Patissons
80 g Pfifferlinge
1 EL braune Butter (siehe Tipp S. 20)
1 Knoblauchzehe (in Scheiben)
getrocknetes Bohnenkraut
1/4 ausgekratzte Vanilleschote
Chilisalz

1 Für den Osterschinken die Spanferkelschulter trocken tupfen. Die Zwiebeln schälen, 1 Zwiebel mit dem Lorbeerblatt belegen und mit Gewürznelken feststecken. Karotte und Sellerie putzen, schälen und vierteln. Den Lauch putzen, waschen und längs halbieren. Die Gewürze in einen Einwegteebeutel geben und diesen verschließen.

2 Reichlich Wasser zum Kochen bringen, die gespickte Zwiebel und das Gemüse mit der Spanferkelkeule dazugeben und knapp unter dem Siedepunkt 1 3/4 bis 2 Stunden mehr ziehen als köcheln lassen. Den Teebeutel mit den Gewürzen 20 Minuten vor Ende der Garzeit hinzufügen, gegen Ende der Garzeit die Zitronen- und Orangenschale.

3 Den Backofen auf 220 °C (Umluftgrill; ersatzweise 250 °C Oberhitzegrill) vorheizen. Die Spanferkelschulter aus dem Sud nehmen und die Schwarte mit einem scharfen Messer längs oder rautenförmig einritzen. Auf ein Backblech legen und im Ofen auf der untersten Schiene 30 bis 45 Minuten grillen, bis die Schwarte braun und knusprig ist.

4 Für die Senfsauce 100 ml Spanferkelkochbrühe mit der Sahne in einem kleinen hohen Topf erhitzen. Beide Senfsorten, die Butter, die Zitronen- und Orangenschale sowie den Ingwer dazugeben und die Sauce mit dem Stabmixer aufschäumen. Falls nötig, mit etwas Salz nachwürzen.

5 Für das Gemüse die Karotten putzen und schälen, die Zuckerschoten putzen und waschen. Beides in kochendem Salzwasser 4 bzw. 2 Minuten blanchieren, abgießen, kalt abschrecken und abtropfen lassen. Die Pfifferlinge putzen, falls nötig mit Küchenpapier trocken abreiben. Die Zucchini, die Frühlingszwiebeln und die Mini-Patissons putzen und waschen. Zuckerschoten, Frühlingszwiebeln und Zucchini schräg in Stücke bzw. Scheiben schneiden. Die Mini-Patissons in Scheiben schneiden.

6 Die braune Butter in einer Pfanne erhitzen und das Gemüse – bis auf die Karotten und Zuckerschoten – unter Rühren darin anbraten. Karotten und Zuckerschoten hinzufügen, den Knoblauch, 1 Prise Bohnenkraut und die Vanilleschote dazugeben. Das Gemüse mit Chilisalz abschmecken.

7 Den Osterschinken aus dem Ofen nehmen, kurz ruhen lassen und mit einem scharfen Messer entlang der eingeschnittenen Schwarte in Scheiben schneiden. Das Gemüse mittig auf vorgewärmte Teller verteilen und die Senfsauce außen herumträufeln. Je 2 Scheiben Fleisch darauflegen und mit Chiliflocken bestreut servieren.

Bierbratel mit Kartoffelgröstl

Zutaten für 4 Personen

Für den Braten:
3 Zwiebeln
1 kleine Karotte
150 g Knollensellerie
1 Tomate
2 EL Öl
1 1/2 kg Schweinehals (ohne Schwarte)
1 l Hühnerbrühe (oder Kalbsfond)
2 EL Puderzucker
1 TL Fenchelsamen
2 Zacken Sternanis
1 Zimtrinde
1/2 TL geschroteter Ingwer
1 1/4 TL ganzer Kümmel
4 EL dunkles Bier
1 Knoblauchzehe (in Scheiben)
3 Scheiben Ingwer
getrockneter Majoran
1–2 TL Speisestärke
1 Streifen unbehandelte Zitronenschale
1/4 Vanilleschote

Für das Gröstl:
400 g kleine festkochende Kartoffeln · Salz
1/2 TL ganzer Kümmel
2 Bund Minikarotten
100 g breite Bohnen
1 Bund Frühlingszwiebeln
100 g Champignons
2 EL braune Butter (siehe Tipp S. 20)
getrocknetes Bohnenkraut
mildes Chilisalz
1 EL Petersilie (frisch geschnitten)

1 Für den Braten die Zwiebeln schälen, die Karotte und den Sellerie putzen und schälen. Das Gemüse in 1 cm große Würfel schneiden. Die Tomate waschen und achteln, dabei den Stielansatz entfernen. In einer Pfanne 1 EL Öl erhitzen, Zwiebeln, Karotte und Sellerie darin bei mittlerer Hitze andünsten. Aus der Pfanne nehmen und mit den Tomatenachteln in einen Bräter geben.

2 Den Backofen auf 160 °C vorheizen. Das restliche Öl in einer Pfanne erhitzen, den Schweinehals darin bei mittlerer Hitze rundum anbraten und auf das Gemüse im Bräter legen. Die Brühe angießen und das Fleisch im Ofen auf der mittleren Schiene 3 Stunden garen.

3 Den Puderzucker in einer Pfanne hell karamellisieren. Fenchel, Anis, Zimt, geschroteten Ingwer und 1/4 TL Kümmel dazugeben und kurz rösten. Mit dem Bier und 100 ml Wasser ablöschen. Das Fleisch während der Garzeit alle 30 Minuten mit dem Gewürzkaramell bestreichen. Nach etwa 2 1/2 Stunden den restlichen Kümmel, Knoblauch, Ingwer und 1 Prise Majoran in die Sauce geben.

4 Für das Gröstl die Kartoffeln waschen und mit der Schale in Salzwasser mit dem Kümmel weich garen. Die Kartoffeln abgießen, kurz ausdampfen lassen, möglichst heiß pellen, abkühlen lassen und halbieren. Die Karotten putzen, schälen und schräg in Stücke schneiden. Die Bohnen putzen, waschen und ebenfalls schräg in 1 bis 1 1/2 cm breite Stücke schneiden. Karotten und Bohnen nacheinander in Salzwasser fast weich kochen, abgießen, kalt abschrecken und gut abtropfen lassen. Die Frühlingszwiebeln putzen, waschen und schräg in etwa 2 cm breite Stücke schneiden. Die Champignons putzen, falls nötig, mit Küchenpapier trocken abreiben und in Scheiben schneiden.

5 In einer weiten Pfanne 1 EL braune Butter erhitzen und die Kartoffeln darin anbraten. Das Gemüse dazugeben und kurz mitbraten. Mit 1 Prise Bohnenkraut und Chilisalz würzen. Kurz vor dem Servieren die Petersilie und die restliche braune Butter dazugeben.

6 Den Braten aus dem Bräter nehmen und warm stellen. Den Bratenfond durch ein Sieb in einen Topf gießen und etwas einkochen lassen. Die Speisestärke mit etwas kaltem Wasser glatt rühren. Unter die kochende Sauce rühren, bis sie sämig gebunden ist. Die Zitronenschale und die Vanilleschote einige Minuten in der Sauce ziehen lassen und wieder entfernen. Die Sauce, falls nötig, mit etwas Salz nachwürzen.

7 Das Fleisch in Scheiben schneiden. Das Gröstl auf vorgewärmte Teller verteilen und die Sauce daneben geben. Je 1 Scheibe Fleisch darauflegen und sofort servieren.

GEBRATENER SPANFERKELRÜCKEN AUF KRAUTSALAT MIT BULGUR

1 Für den Spanferkelrücken den Backofen auf 160 °C vorheizen. Ein Ofengitter auf die mittlere Schiene und darunter ein Abtropfblech schieben. Die Brühe in einer tiefen Pfanne erhitzen, Chilischote, Knoblauch, Lorbeerblätter und gewaschenen Thymian dazugeben. Den Spanferkelrücken mit der Schwarte nach unten in die Brühe legen und am Siedepunkt 10 Minuten ziehen lassen.

2 Den Spanferkelrücken aus der Pfanne nehmen, trocken tupfen und die Schwarte nicht zu tief parallel zu den Knochen einritzen. In einer zweiten Pfanne 1 bis 1 1/2 cm hoch Öl erhitzen. Den Spanferkelrücken mit der Schwarte nach unten in das Öl geben und mit einem Spritzschutz zugedeckt bei mittlerer Hitze etwa 10 Minuten kross braten. Das Fleisch in der Pfanne wenden und kurz auf der Fleischseite braten. Den Spanferkelrücken aus der Pfanne nehmen und auf dem Gitter im Ofen etwa 30 Minuten garen.

3 Inzwischen für den Krautsalat den Weißkohl putzen, die äußeren Blätter entfernen und den Strunk herausschneiden. Den Kohl vierteln, in feine Streifen schneiden oder hobeln, in eine Schüssel geben und mit Salz würzen.

4 Den Puderzucker in einer Pfanne bei mittlerer Hitze hell karamellisieren. Mit dem Essig ablöschen und auf gut die Hälfte einköcheln lassen. 1/8 l Brühe angießen und einmal aufkochen lassen. Den heißen Sud über das Kraut gießen und damit mischen. Das Öl unterrühren und den Krautsalat mit Salz, Pfeffer, je 1 Prise Kümmel und Chilipulver sowie etwas Zucker abschmecken. 10 Minuten ziehen lassen und, falls nötig, noch etwas nachwürzen.

5 Den Bulgur mit 1/8 l Brühe und 1 Prise Kurkuma in einem kleinen Topf einmal aufkochen lassen und zugedeckt am Siedepunkt 10 Minuten ziehen lassen. Vom Herd nehmen und etwas abkühlen lassen.

6 Für die Marinade die restliche Brühe mit Zitronensaft, Oliven- und Arganöl verrühren. Zitronen- und Orangenschale hinzufügen, mit Salz, Pfeffer und 1 Prise Chilipulver würzen und den Bulgur damit marinieren. Das Weißkraut mit dem Bulgur mischen. Falls nötig, vor dem Servieren, nochmals nachwürzen.

7 Für den Senf-Dip die Crème fraîche mit der Milch und beiden Senfsorten glatt rühren und mit Chilisalz und Zitronensaft würzen.

8 Den Salat auf vorgewärmten Tellern anrichten, den Spanferkelrücken in Scheiben schneiden und anlegen. Den Senf-Dip außen herumträufeln.

Zutaten für 4 Personen

Für den Spanferkelrücken:
400 ml Hühnerbrühe
1 getrocknete rote Chilischote
1 Knoblauchzehe (in Scheiben)
2 Lorbeerblätter
1 Zweig Thymian
1 kg Spanferkelrücken
(5–6 cm dick; mit Rippenknochen, ohne Rückgrat)
Öl zum Braten

Für den Krautsalat mit Bulgur:
500 g junger Weißkohl
Salz
1 EL Puderzucker
5 EL milder Rotweinessig
275 ml Gemüsebrühe
2 EL mildes Salatöl
Pfeffer aus der Mühle
gemahlener Kümmel
mildes Chilipulver
Zucker
50 g Bulgur
gemahlene Kurkuma
2 TL Zitronensaft
1 EL mildes Olivenöl
1 TL Arganöl
je 1 Msp. abgeriebene unbehandelte Zitronen- und Orangenschale

Für den Senf-Dip:
200 g Crème fraîche
4 EL Milch
2 TL Dijonsenf
2 TL süßer Senf
mildes Chilisalz
1 Spritzer Zitronensaft

Lammkarree auf Spargel mit Joghurt-Minze-Sauce

Zutaten für 4 Personen

Für das Lammkarree:
2 Lammkarrees (à 300–350 g; küchenfertig)
1 EL Kokosfett (oder braune Butter; siehe Tipp S. 20)
mildes Chilisalz

Für die Joghurt-Minze-Sauce:
3 EL Minzeblätter
300 g Naturjoghurt
1 Msp. abgeriebene unbehandelte Zitronenschale
1 EL Zitronensaft
1 EL Dillspitzen (frisch geschnitten)
milde Chiliflocken
Salz · Zucker

Für die Rotweinbuttersauce:
1 TL Puderzucker
100 ml kräftiger Rotwein
50 ml roter Portwein
2–3 Scheiben Knoblauch
1 Scheibe Ingwer
1/4 Zimtrinde
60 g kalte Butter · Salz

Für den Spargel:
300 g weißer Spargel
300 g grüner Spargel
70 ml Gemüsebrühe
1–2 EL mildes Olivenöl
Kardamomsamen aus der Gewürzmühle
mildes Chilisalz

1 Für das Lammkarree den Backofen auf 100 °C vorheizen. Ein Ofengitter auf die mittlere Schiene und darunter ein Abtropfblech schieben. Die Lammkarrees waschen und trocken tupfen. Das Kokosfett in einer Pfanne erhitzen und das Fleisch darin rundum anbraten. Das Fleisch aus der Pfanne nehmen und auf dem Gitter im Ofen 50 bis 60 Minuten rosa garen.

2 Für die Joghurt-Minze-Sauce die Minzeblätter waschen, trocken schütteln und fein hacken. Den Joghurt mit Zitronenschale und -saft in einer kleinen Schüssel verrühren und die Kräuter untermischen. Die Sauce mit Chiliflocken, Salz und Zucker würzen. Kühl stellen.

3 Für die Rotweinbuttersauce den Puderzucker auf den Bratensatz in der Pfanne sieben, karamellisieren und mit Rotwein und Portwein ablöschen. Die Flüssigkeit auf etwa ein Drittel einkochen lassen. Den Knoblauch, den Ingwer und den Zimt dazugeben, 3 bis 4 Minuten in der Reduktion ziehen lassen und wieder entfernen. Die kalte Butter stückchenweise mit dem Schneebesen unterrühren. Die Sauce darf dabei nicht kochen. Die Rotweinbutter mit etwas Salz abschmecken.

4 Für den Spargel den weißen Spargel schälen und die holzigen Enden abschneiden. Den grünen Spargel waschen, nur im unteren Drittel schälen und die holzigen Enden abschneiden. Die Spargelstangen schräg in etwa 1/2 cm dicke Scheiben schneiden. Den Spargel in eine tiefe Pfanne geben, die Brühe angießen und bei milder Hitze 6 bis 8 Minuten bissfest garen. Das Olivenöl über den Spargel träufeln und mit frisch gemahlenem Kardamom und Chilisalz würzen.

5 Den Spargel mittig auf vorgewärmte Teller verteilen und die beiden Saucen außen herumträufeln. Die Lammkarrees mit Chilisalz würzen, in Scheiben schneiden und auf das Spargelbett legen.

Alfons Schuhbeck empfiehlt

Die Rotweinbuttersauce sollte möglichst frisch zubereitet werden, damit sie schön sämig bleibt. Sobald die Sauce fertig ist, darf sie auf keinen Fall mehr kochen!

Hendlkeulen auf Grillgemüse mit Kräuter-Pesto

Zutaten für 4 Personen

Für die Hendlkeulen:
4 Hähnchenkeulen (à 250 g)
Salz · 4 EL zerlassene Butter
mildes Chilisalz

Für das Kräuter-Pesto:
100 g Blattspinat
Salz · 1/2 Bund Basilikum
1/2 – 1 Knoblauchzehe
1 – 2 Handvoll Kräuterblätter
(z. B. Petersilie, Kerbel, Dill)
1 EL geriebener Parmesan
1 EL gebräunte Mandeln
4 – 5 EL mildes Olivenöl
4 – 5 EL zerlassene braune Butter
(siehe Tipp S. 20)
Pfeffer aus der Mühle
Zitronensaft

Für das Grillgemüse:
1/2 Zucchino
1/2 Fenchelknolle
1/2 Aubergine
je 1 rote und gelbe
Paprikaschote
3 EL mildes Olivenöl
100 ml Hühnerbrühe
1 Knoblauchzehe (in Scheiben)
2 Scheiben Ingwer
je 1 Streifen unbehandelte
Zitronen- und Orangenschale
Kräuter der Provence (oder
italienische Kräuter)
mildes Chilisalz

1 Für die Hendlkeulen den Backofen auf 160 °C vorheizen. Ein Ofengitter auf die mittlere Schiene und darunter ein Abtropfblech schieben. Die Hähnchenkeulen waschen, trocken tupfen, mit Salz würzen und auf das Ofengitter legen. Im Ofen 30 Minuten garen.

2 Die Temperatur auf 200 °C erhöhen und die Keulen weitere 20 Minuten knusprig braun braten. Zwischendurch mit der flüssigen Butter einpinseln.

3 Für das Kräuter-Pesto die Spinatblätter von den Stielen zupfen und in Salzwasser blanchieren, kalt abschrecken und auf einem Sieb abtropfen lassen. Mit den Händen das übrige Wasser ausdrücken und den Spinat klein schneiden. Das Basilikum waschen, trocken schütteln und die Blätter abzupfen. Den Knoblauch schälen und in Scheiben schneiden.

4 Den Spinat, das Basilikum, die restlichen Kräuterblätter, den Knoblauch, den Parmesan und die Mandeln mit dem Olivenöl und der braunen Butter in einem Küchenmixer nicht zu fein pürieren. Mit Salz, Pfeffer und einigen Tropfen Zitronensaft würzen.

5 Für das Grillgemüse Zucchino, Fenchel und Aubergine waschen. Den Zucchino längs halbieren und in Scheiben schneiden. Den Fenchel putzen, längs in etwa 3 mm dicke Scheiben schneiden. Die Aubergine längs vierteln und in Scheiben schneiden. Die Paprika längs halbieren, entkernen und waschen. Die Hälften noch einmal durchschneiden und in 2 cm große Stücke schneiden.

6 Zucchino, Fenchel, Aubergine und Paprika nacheinander in einer Grillpfanne in wenig Olivenöl anbraten. Alle angebratenen Gemüsesorten wieder in die Pfanne geben und die Brühe mit dem Knoblauch, dem Ingwer, der Zitronen- und Orangenschale und den Kräutern der Provence dazugeben. Das Gemüse mit Chilisalz würzen.

7 Die Hähnchenkeulen mit Chilisalz würzen. Das Grillgemüse auf vorgewärmte Teller verteilen, je 1 Hähnchenkeule daraufsetzen und das Kräuter-Pesto außen herumträufeln.

ÜBERBACKENES KARTOFFELGRÖSTL MIT HENDL UND SPINAT-PILZ-SALAT

Zutaten für 4 Personen

Für das Kartoffelgröstl:
400 g festkochende Kartoffeln
Salz · 1/2 TL ganzer Kümmel
1 Zwiebel · 100 g breite Bohnen
1 große rote Paprikaschote
1/2 kleine Fenchelknolle
2 vorgegarte Hähnchenkeulen (ersatzweise rohe Hähnchenkeulen)
Butter für die Form
2 EL braune Butter (siehe Tipp S. 20)
100 ml Gemüsebrühe
1 Knoblauchzehe (in Scheiben)
2 Scheiben Ingwer
mildes Chilisalz
gemahlener Kümmel
getrocknetes Bohnenkraut
1 EL Petersilie (frisch geschnitten)
3 Eier · 200 g Frischkäse
200 ml Sahne
1–2 Knoblauchzehen (fein gerieben)
1/2 TL Ingwer (fein gerieben)
1/2 TL abgeriebene unbehandelte Zitronenschale
Salz · Pfeffer aus der Mühle
frisch geriebene Muskatnuss
mildes Chilipulver

Für den Spinat-Pilz-Salat:
100 g Babyspinat
400 g gemischte Pilze (Steinpilze, Pfifferlinge, Champignons, Austernpilze) · 1 Frühlingszwiebel
1 EL braune Butter
Salz · Pfeffer aus der Mühle
gemahlener Kümmel
1 Msp. abgeriebene unbehandelte Zitronenschale
1–2 EL Rotweinessig
1 TL Dijonsenf
je 2 EL mildes Salat- und Olivenöl
Salz · Pfeffer aus der Mühle
mildes Chilipulver · Zucker

1 Für das Kartoffelgröstl Kartoffeln in Salzwasser mit Kümmel weich garen, möglichst heiß pellen, auskühlen lassen und in Scheiben schneiden. Zwiebel schälen und in 1 bis 1 1/2 cm große Würfel schneiden. Bohnen putzen, waschen und schräg in 1 bis 1 1/2 cm breite Stücke schneiden. In Salzwasser fast weich kochen, kalt abschrecken und auf einem Sieb abtropfen lassen. Paprikaschote vierteln, entkernen, waschen, mit dem Sparschäler schälen und in etwa 1 1/2 cm große Stücke schneiden. Fenchel putzen, waschen, das Fenchelgrün beiseitelegen und den Fenchel in etwa 1 1/2 cm große Stücke schneiden.

2 Von den Hähnchenkeulen die Haut entfernen, das Fleisch von den Knochen lösen und in kleine Stücke teilen. Rohe Keulen in einer Pfanne zunächst rundum anbraten, dann ebenso verfahren.

3 Den Backofen auf 175 °C vorheizen. Eine große ofenfeste Form mit Butter einfetten. In einer Pfanne 1 bis 2 TL braune Butter erhitzen und den Fenchel darin bei mittlerer Hitze anbraten. Die Paprika dazugeben, kurz darin erhitzen, die Brühe angießen, Knoblauch- und Ingwerscheiben hinzufügen und zugedeckt 5 Minuten dünsten. Das Gemüse in ein Sieb abgießen, dabei den Sud auffangen. Den Ingwer entfernen, etwa 70 ml des Suds abmessen und beiseitestellen.

4 Kartoffeln und Zwiebeln in einer Pfanne in der restlichen braunen Butter nach und nach anbraten. Fenchel, Paprika und Hähnchenfleisch dazugeben, mit Chilisalz, Kümmel und Bohnenkraut würzen. Petersilie hinzufügen und alles in die Form geben. Die Eier mit Frischkäse, Sahne, Knoblauch, Ingwer und Zitronenschale in einen hohen Rührbecher geben, mit Salz, Pfeffer, Muskatnuss und 1 Prise Chilipulver würzen. Mit dem Stabmixer pürieren. Über das Gemüse in der Form geben und das Gröstl im Ofen etwa 40 bis 50 Minuten backen.

5 Für den Spinat-Pilz-Salat den Spinat verlesen, waschen, und trocken schleudern. Die Pilze putzen, falls nötig, trocken abreiben und in kleine Stücke schneiden. Die Frühlingszwiebel putzen, waschen und in Ringe schneiden. Die braune Butter in einer Pfanne erhitzen und die Pilze darin 2 bis 3 Minuten anbraten. Die Frühlingszwiebel dazugeben und mit Salz, Pfeffer, Kümmel und Zitronenschale würzen. Den Paprika-Fenchel-Sud mit Essig und Senf in einen hohen Rührbecher geben, beide Ölsorten untermixen und mit Salz, Pfeffer, je 1 Prise Chilipulver und Zucker würzen.

6 Den Spinat mit den Pilzen und der Marinade mischen und, falls nötig, nachwürzen. Das gebackene Gröstl in Stücke schneiden, aus der Form heben und auf vorgewärmte Teller geben. Den Spinat-Pilz-Salat daneben anrichten.

Entengröstl auf Tagliatelle mit Datteljoghurt

Zutaten für 4 Personen

Für das Entengröstl und die Sauce:
2 Barbarieentenbrüste (à ca. 300 g)
3 EL Öl · 1–2 TL Puderzucker
150 ml Rotwein
3 EL roter Portwein
1/2 TL Speisestärke
3 EL kalte Butter
(in kleinen Würfeln)
1/2 Knoblauchzehe
1 Scheibe Ingwer
1 Streifen unbehandelte
Orangenschale
Salz · Pfeffer aus der Mühle

Für die Tagliatelle:
250 g Tagliatelle
Salz · 5 Scheiben Ingwer
2 kleine getrocknete milde
Chilischoten
1/8 l Hühnerbrühe
1 Knoblauchzehe (in Scheiben)
1–2 EL kalte Butter
2 TL Dillspitzen (frisch geschnitten)

Für den Datteljoghurt:
4 getrocknete Datteln (entsteint)
2 EL Walnusskerne
150 g griechischer Joghurt
3–5 EL Hühnerbrühe
1 Spritzer Zitronensaft
1 Msp. abgeriebene unbehandelte
Orangenschale
mildes Chilisalz

1 Für das Entengröstl den Backofen auf 100 °C vorheizen. Von den Entenbrüsten mit einem Messer die Haut ablösen und in kleine Würfel schneiden. Das Entenbrustfleisch in etwa 3 cm große Würfel schneiden. Eine Pfanne erhitzen und mit einem Pinsel 1 bis 2 TL Öl darin verteilen, die Entenbrustwürfel hineingeben, bei mittlerer Hitze rundum anbraten und auf ein Backblech geben. Im Ofen auf der mittleren Schiene 12 bis 15 Minuten rosa durchziehen lassen. Die Entenbrustwürfel mit dem Bratensaft vom Backblech in ein Sieb abgießen, den Saft dabei auffangen.

2 Den Puderzucker in einer Pfanne hell karamellisieren, mit Rotwein und Portwein ablöschen, auf ein Drittel einköcheln lassen. Den aufgefangenen Saft der Entenbrustwürfel dazugeben und nochmals 1 bis 2 Minuten einköcheln lassen.

3 Die Speisestärke mit wenig kaltem Wasser glatt rühren und unter die Rotweinreduktion rühren, bis diese leicht sämig bindet. Die kalte Butter nach und nach hineinrühren. Den Knoblauch, den Ingwer und die Orangenschale dazugeben und einige Minuten in der Sauce ziehen lassen. Anschließend wieder entfernen.

4 Die Entenbrustwürfel in die Sauce geben und mit Salz und Pfeffer würzen. Das restliche Öl in einer Pfanne erhitzen und die Entenhautwürfel bei milder Hitze langsam goldbraun braten, in ein Sieb abgießen, auf Küchenpapier abtropfen lassen und leicht salzen.

5 Für die Tagliatelle die Nudeln nach Packungsanweisung in reichlich Salzwasser mit 3 Ingwerscheiben und den Chilischoten bissfest garen. In ein Sieb abgießen und abtropfen lassen, den Ingwer und die Chilischoten wieder entfernen. Die Brühe mit dem Knoblauch und dem restlichen Ingwer in einer Pfanne aufkochen, die vorgegarten Nudeln dazugeben und darin nochmals erhitzen. Zum Schluss die Butter mit dem Dill hinzufügen und nach Belieben noch mit je 1 kleinen Prise Chilisalz und Zucker würzen.

6 Für den Datteljoghurt die Datteln längs halbieren und quer in Scheiben schneiden. Die Walnüsse grob hacken. Den Joghurt mit der Brühe glatt rühren. Datteln, Walnüsse, Zitronensaft und Orangenschale unterrühren und den Joghurt mit Chilisalz würzen.

7 Die Tagliatelle auf vorgewärmte Pastateller verteilen und das Entengröstl darauf anrichten. Den Datteljoghurt auf die Nudeln träufeln und die kross gebratenen Entenhautwürfel darüberstreuen.

Gebratene Gänsekeulen mit Kartoffel-Sellerie-Püree

Zutaten für 4 Personen

Für die Gänsekeulen und die Sauce:
4 Gänsekeulen · 2 l Hühnerbrühe
2 Zwiebeln · 1 Karotte
120 g Knollensellerie
1 EL Puderzucker
1 EL Tomatenmark
50 ml Portwein · 200 ml Rotwein
1 EL braune Butter
(siehe Tipp S. 20)
1 Lorbeerblatt
1 Gewürznelke
1/2 TL Pimentkörner
5 Wacholderbeeren (angedrückt)
1/2 TL Korianderkörner
1 Stück ausgekratzte Vanilleschote
1/4 Zimtrinde
1–2 TL Speisestärke
je 1 Scheibe Ingwer und Knoblauch
1 Streifen unbehandelte
Orangenschale
Salz · Pfeffer aus der Mühle

Für das Blaukraut:
1 kg Rotkohl
1 EL Puderzucker
200 ml Rotwein
100 ml roter Portwein
1/8 l Gemüsebrühe
1/2 Lorbeerblatt
1/2 TL schwarze Pfefferkörner
1/4 ausgekratzte Vanilleschote
1 Zacken Sternanis
5 Pimentkörner
etwas Zimtrinde
2 EL Apfelmus
1 Streifen unbehandelte
Orangenschale
1 Scheibe Ingwer
2 EL kalte Butter
1/2 TL gehackte Zartbitter-
schokolade
1 EL milder Aceto balsamico
Salz · Zucker

1 Für die Gänsekeulen die Keulen waschen, trocken tupfen und in einen Topf geben. Die Brühe angießen (die Keulen sollten knapp bedeckt sein) und zum Kochen bringen. Die Gänsekeulen zugedeckt knapp unter dem Siedepunkt etwa 2 1/2 Stunden sanft köcheln lassen. Die Keulen aus der Brühe nehmen und das Fett mit einem Schöpflöffel vorsichtig von der Brühe abschöpfen.

2 Inzwischen für die Sauce die Zwiebeln schälen, die Karotte und den Sellerie putzen und schälen. Das Gemüse in etwa 1/2 cm große Würfel schneiden. Den Puderzucker in einem Topf hell karamellisieren, das Tomatenmark unterrühren und kurz anrösten. Mit dem Portwein ablöschen und sirupartig einköcheln lassen. Anschließend die Hälfte des Rotweins hinzufügen und ebenfalls einköcheln lassen. Dann den restlichen Rotwein hinzugießen und ein weiteres Mal einköcheln lassen.

3 Die braune Butter in einer Pfanne erhitzen, das Gemüse darin andünsten und zum Wein geben. Etwa 1/2 l Gänsekochsud angießen und alles knapp unter dem Siedepunkt etwa 1 Stunde ziehen lassen. Lorbeerblatt, Gewürznelke, Pimentkörner, Wacholderbeeren, Korianderkörner, Vanilleschote und Zimt in einen Einwegteebeutel füllen, verschließen und nach 30 Minuten zum Gemüse geben.

4 Die Sauce durch ein Sieb passieren, die Gewürze dabei entfernen und die Sauce etwas einköcheln lassen. Die Speisestärke mit wenig kaltem Wasser glatt rühren. Unter die leicht kochende Sauce rühren und 2 Minuten köcheln lassen. Ingwer, Knoblauch und Orangenschale hinzufügen, einige Minuten in der Sauce ziehen lassen und wieder entfernen. Die Sauce nach Belieben mit etwas Gänsefett aromatisieren und mit Salz und Pfeffer abschmecken.

5 Für das Blaukraut den Rotkohl putzen, die äußeren Blätter und den Strunk entfernen. Den Kohl vierteln in feine Streifen schneiden oder hobeln. In einem Topf den Puderzucker hell karamellisieren, mit Rotwein und Portwein ablöschen und auf ein Drittel einkochen lassen. Die Brühe und den Kohl hinzufügen und zugedeckt bei milder Hitze etwa 1 1/2 Stunden mehr ziehen als köcheln lassen.

6 Nach 1 Stunde das Lorbeerblatt dazugeben. Pfefferkörner, Vanilleschote, Sternanis, Pimentkörner und Zimt in einen Einwegteebeutel füllen, verschließen und ebenfalls zum Kohl geben. Etwa 10 Minuten vor Ende der Garzeit das Apfelmus, die Orangenschale und den Ingwer unter das Blaukraut mischen. Die Gewürze wieder entfernen, die Butter und die Schokolade unter das Blaukraut mischen und darin schmelzen lassen. Mit Balsamico, Salz und Zucker abschmecken.

Für das Püree:
500 g mehligkochende Kartoffeln
Salz · 1/2 TL ganzer Kümmel
350 g Knollensellerie
200 ml Milch
1/4 ausgekratzte Vanilleschote
2 EL Butter
2 EL braune Butter
Salz · Pfeffer aus der Mühle
mildes Chilipulver
frisch geriebene Muskatnuss

7 Für das Püree die Kartoffeln waschen und mit der Schale in Salzwasser mit dem Kümmel weich garen. Den Sellerie putzen, schälen und in kleine Würfel schneiden. In einem Topf 100 ml Milch mit der Vanilleschote erhitzen, die Selleriestücke hineingeben und zugedeckt etwa 20 Minuten weich garen.

8 Die Kartoffeln abgießen, kurz ausdampfen lassen, möglichst heiß pellen und durch die Kartoffelpresse drücken. Die restliche Milch erhitzen und mit der Butter mit einem Kochlöffel unter die Kartoffelmasse rühren. Den Sellerie samt Garflüssigkeit im Topf mit dem Stabmixer pürieren, zuvor die Vanilleschote wieder entfernen.

9 Das Kartoffelpüree mit dem Selleriepüree mischen, die braune Butter unterrühren und mit Salz, Pfeffer, Chilipulver und Muskatnuss würzen.

10 Den Backofengrill einschalten. Die Gänsekeulen auf ein Backblech legen und unter dem Grill auf der untersten Schiene etwa 15 Minuten kross braten. Das Blaukraut auf vorgewärmten Tellern anrichten und die Gänsekeulen darauflegen. Vom Kartoffel-Sellerie-Püree mit einem Esslöffel Nocken abstechen und daneben anrichten. Die Sauce darum herumträufeln und nach Belieben mit Lorbeerblättern garnieren.

Alfons Schuhbeck empfiehlt

Dieses Gericht ist zwar etwas aufwendiger, lässt sich aber fast komplett am Vortag vorbereiten. Die Gänsekeulen werden dann kurz vor dem Servieren wie beschrieben auf der untersten Schiene knusprig gebräunt. Die Sauce wird so weit fertiggestellt, dass kurz vor dem Servieren nur noch die frischen Gewürze wie Ingwer, Knoblauch und Orangenschale in die erwärmte Sauce kommen und sie mit Salz und Pfeffer gewürzt wird. Das Blaukraut kann am Vortag komplett zubereitet werden, es wird dann nur noch erhitzt und nachgewürzt. Nur das Kartoffel-Sellerie-Püree sollten Sie tatsächlich am selben Tag frisch zubereiten.

Adventsgulasch mit Apfel-Kartoffeln

Zutaten für 4 Personen

Für das Gulasch:
1 kg Rehfleisch (aus der Schulter)
2 Zwiebeln · 1 Karotte
150 g Knollensellerie · 2 EL Öl
1 EL Tomatenmark
40 ml Cognac
300 ml kräftiger Rotwein
3/4 l Hühnerbrühe (oder Wildfond)
1 Lorbeerblatt
5 Wacholderbeeren (angedrückt)
3 grüne Kardamomkapseln
1 Zacken Sternanis · 1/4 Zimtrinde
1/2 TL schwarze Pfefferkörner
1/4 TL Korianderkörner
5 Pimentkörner
1–2 TL Speisestärke
2 Knoblauchzehen (in Scheiben)
2 Scheiben Ingwer
je 1 Streifen Zitronen- und Orangenschale
1 EL Johannisbeergelee
Salz · Pfeffer aus der Mühle
1/2 TL geraspelte Zartbitterschokolade

Für die Apfel-Kartoffeln:
600 g Kartoffeln
Salz · 1 getrocknete Chilischote
1 Scheibe Ingwer
1 Lorbeerblatt · 2 kleine Äpfel
1 EL braune Butter (siehe Tipp S. 20)
getrockneter Majoran
Chilisalz

Außerdem:
4 dünne Scheiben durchwachsener Räucherspeck
1 TL Öl
80 g kleine grüne Weintrauben (kernlos; gewaschen)
1/2–1 EL Butter
1 Handvoll Walnusshälften

1 Für das Gulasch das Rehfleisch waschen und trocken tupfen. Das Fleisch von Fett und groben Sehnen befreien und in 3 bis 4 cm große Würfel schneiden. Die Zwiebeln schälen, die Karotte und den Sellerie putzen und schälen. Das Gemüse in 1 cm große Würfel schneiden. In einer Pfanne 1 EL Öl erhitzen und das Gemüse darin bei mittlerer Hitze 2 bis 3 Minuten andünsten.

2 Den Backofen auf 150 °C vorheizen. Das restliche Öl in einem Schmortopf erhitzen, das Rehfleisch darin portionsweise bei mittlerer Hitze rundum anbraten und wieder herausnehmen. Das Tomatenmark im verbliebenen Bratfett kurz anrösten. Mit dem Cognac und nach und nach mit je einem Drittel des Weins ablöschen und jeweils sirupartig einköcheln lassen. Die Brühe angießen, das Rehfleisch und das Gemüse dazugeben und das Gulasch offen im Ofen auf der mittleren Schiene 2 bis 2 1/2 Stunden schmoren. Lorbeerblatt, Wacholderbeeren, Kardamom, Sternanis, Zimt, Pfeffer-, Koriander- und Pimentkörner in einen Einwegteebeutel füllen und nach 1 1/2 bis 2 Stunden dazugeben.

3 Inzwischen für die Apfel-Kartoffeln die Kartoffeln schälen, waschen und in etwa 1 cm große Würfel schneiden. In reichlich Salzwasser mit der Chilischote, dem Ingwer und dem Lorbeerblatt 5 bis 8 Minuten garen. In ein Sieb abgießen, abtropfen lassen und die Gewürze entfernen. Die Äpfel waschen, vierteln, entkernen und mit der Schale in 1 cm große Würfel schneiden. Die braune Butter in einer Pfanne erhitzen und die Kartoffelwürfel darin bei mittlerer Hitze anbraten. Die Apfelwürfel dazugeben und kurz mitbraten. Mit 1 Prise Majoran und Chilisalz würzen.

4 Die Fleischwürfel aus dem Schmortopf nehmen. Die Sauce durch ein Sieb streichen, wieder in den Topf gießen und das Gemüse dabei etwas ausdrücken. Die Stärke mit wenig kaltem Wasser glatt rühren und unter die leicht kochende Sauce rühren. Knoblauch, Ingwer, Zitronen- und Orangenschale bei milder Hitze einige Minuten in der Sauce ziehen lassen und wieder entfernen. Die Sauce mit Johannisbeergelee, Salz und Pfeffer abschmecken. Die Schokolade in der Sauce schmelzen lassen und das Fleisch wieder in der Sauce erwärmen.

5 Die Speckscheiben in etwa 2 cm breite Streifen schneiden. Das Öl in einer Pfanne erhitzen und den Speck darin bei mittlerer Hitze kross anbraten. Herausnehmen und auf Küchenpapier abtropfen lassen. Die Weintrauben nach Belieben häuten. Die Butter in einer Pfanne erhitzen und die Weintrauben darin bei milder Hitze 1 bis 2 Minuten andünsten. Das Adventsgulasch auf Tellern anrichten, mit den Weintrauben und dem Speck garnieren und mit den Walnusshälften bestreuen. Die Apfel-Kartoffeln daneben anrichten.

Rehhackbraten im Zucchinimantel

Zutaten für 4 Personen

Für den Hackbraten:
1 Lorbeerblatt
je 1 TL Koriander-, Piment- und schwarze Pfefferkörner sowie Wacholderbeeren
1/2 TL Zimtsplitter
100 g Toastbrot
100 ml Milch · 1 kleine Zwiebel
100 ml Hühnerbrühe
2 Eier · 2 TL Dijonsenf
Salz · Pfeffer aus der Mühle
mildes Chilipulver
getrockneter Majoran
1 Msp. abgeriebene unbehandelte Orangenschale
1/2 kleine Knoblauchzehe (fein gerieben)
1 Msp. Ingwer (frisch gehackt)
170 g Rehhackfleisch (ersatzweise Hirsch- oder anderes Wildfleisch)
170 g Kalbshackfleisch
170 g Schweinehackfleisch
1 EL Preiselbeerkonfitüre
1 EL Petersilie (grob gehackt)
1 Zucchino (250 g)
Öl für die Form

Für den Blaukrautsalat:
600 g Rotkohl
je 1 TL Salz und Zucker
1 TL Puderzucker · 100 ml Rotwein
5 EL roter Portwein
1–2 EL Cassislikör
Saft von 1/2 Orange
2–3 EL Himbeeressig
1 EL saurer Granatapfelsirup (ersatzweise Aceto balsamico)
4 EL mildes Salatöl
Pfeffer aus der Mühle
2 frische Feigen (ersatzweise 2 getrocknete, klein gewürfelte Feigen)
2 EL Granatapfelkerne
1 EL Pistazien (grob gehackt)

1 Für den Hackbraten das Lorbeerblatt zerstoßen, mit den Koriander-, Piment- und Pfefferkörnern, Wacholderbeeren und Zimt in eine Mühle füllen. Das Toastbrot entrinden und in der Milch einweichen. Die Zwiebel schälen, in feine Würfel schneiden und in einer Pfanne in der Brühe bei mittlerer Hitze dünsten, bis die Flüssigkeit verkocht ist.

2 Die Eier mit dem Senf verquirlen und mit Salz, Pfeffer, je 1 Prise Chilipulver und Majoran, Orangenschale, Knoblauch und Ingwer verrühren. Die drei Hackfleischsorten mit dem eingeweichten Toastbrot, den verquirlten Eiern, der Preiselbeerkonfitüre, den Zwiebelwürfeln und der Petersilie mischen, mit den Gewürzen aus der Mühle würzen und, falls nötig, nachsalzen.

3 Den Backofen auf 120 °C vorheizen. Den Zucchino putzen, waschen und längs in etwa 2 mm dicke Scheiben schneiden. In Salzwasser 1 Minute blanchieren, in ein Sieb abgießen, kalt abschrecken und abtropfen lassen.

4 Eine halbrunde Pastetenform (etwa 1,2 l Inhalt, ersatzweise eine Kastenform) mit Öl einpinseln und mit Frischhaltefolie auslegen. Die Zucchinischeiben leicht überlappend hineinlegen und die Enden dabei über den Rand hängen lassen. Die Hackmasse hineinfüllen, die Oberfläche glatt streichen und die Zucchinienden darüberlegen. Die Folie darüberfalten. Den Hackbraten im Ofen auf der mittleren Schiene 1 1/2 Stunden durchziehen lassen.

5 Für den Blaukrautsalat den Rotkohl putzen, die äußeren Blätter entfernen und den Strunk herausschneiden. Den Kohl vierteln, in feine Streifen schneiden oder hobeln und in einer Schüssel mit dem Salz und dem Zucker verkneten.

6 Den Puderzucker in einem Topf bei mittlerer Hitze karamellisieren. Mit Rotwein, Portwein und Cassislikör ablöschen und auf ein Fünftel einköcheln lassen. Die Weinreduktion unter den Kohl mischen und 30 Minuten ziehen lassen. Den Orangensaft, den Himbeeressig, den Granatapfelsirup und das Öl dazugeben und den Salat mit Pfeffer würzen. Falls nötig, nochmals mit Salz und Zucker nachwürzen.

7 Die Feigen waschen und in Spalten schneiden. Die Granatapfelkerne mit den Pistazien locker unter das Blaukraut mischen. Den Hackbraten mithilfe der Folie aus der Form stürzen und mit einem scharfen Messer in Scheiben schneiden. Mit dem Blaukrautsalat auf vorgewärmten Tellern anrichten und mit den Feigen garnieren.

Angelika Schwalbers kleine Backschule

Mürbeteig herstellen

Mürbeteig bereitet den Boden für vielfältige Plätzchen und Tartevariationen. Mit Früchten, Cremes und Puddings versehen, wird aus dem zarten Teig ein nobles Dessert, ein Stück Kuchen zum Kaffee oder ein gern gesehener Leckerbissen auf jeder Feier. Aber auch herzhaft darf es sein: Kombinationen aus Gemüse, Käse und Speck, meist mit einer würzigen Eiersahne begossen, ergeben einen Kuchen der deftigen Art. Dann aber den Zucker und das Vanillemark im Teig weglassen und dafür etwas mehr Salz verwenden.

1 225 g Mehl auf die Arbeitsfläche sieben und eine Mulde hineindrücken.

2 75 g Puderzucker, 1 Msp. abgeriebene unbehandelte Zitronenschale, 1 Msp. Vanillemark, 1 Prise Salz und 1 Eigelb in die Mulde geben.

3 150 g weiche Butter in Stücke schneiden und am Mehlrand verteilen.

4 Alles mit kalten Händen rasch zu einem glatten Teig verkneten.

5 Den Mürbeteig zu einem Rechteck formen und in Frischhaltefolie wickeln. Mindestens 30 Minuten kühl stellen, am besten jedoch über Nacht.

6 Den Mürbeteig nochmals durchkneten, auf der bemehlten Arbeitsfläche oder zwischen zwei Lagen Frischhaltefolie nach Rezept rund oder eckig ausrollen und weiterverwenden.

Hefeteig herstellen

Im Gegensatz zum Mürbeteig, der die Kälte bevorzugt, bevor er in den Ofen kommt, hat es der Hefeteig lieber etwas wärmer. Denn Wärme beschleunigt das Wachstum der Hefepilze, wodurch der Teig aufgeht und locker wird. Aber Vorsicht: Bei zu hohen Temperaturen sterben Hefezellen ab. Neben der richtigen Temperatur brauchen sie noch etwas Feuchtigkeit und »Nahrung« in Form von Mehl bzw. Zucker. Sind all diese Bedingungen erfüllt, fühlt sich Hefe rundum wohl und sorgt für einen gelungenen, luftigen Teig!

1 250 g Mehl, 30 g Zucker, 1 Prise Salz, 1 Msp. Vanillemark und 1 Msp. abgeriebene unbehandelte Zitronenschale in eine Schüssel geben. 15 g frische Hefe dazubröckeln.

2 65 ml Milch und 1 Ei dazugeben und alles verrühren.

3 50 g weiche Butter zur Teigmischung in die Schüssel geben.

4 Alles mit den Knethaken des Handrührgeräts zu einem glatten, geschmeidigen Teig verkneten.

5 Den Hefeteig zugedeckt an einem warmen Ort etwa 15 Minuten gehen lassen.

6 Mit den Händen nochmals durchkneten und nach Rezept weiterverwenden.

Schokoladenbiskuit herstellen

Beim Pizzateig ist es die Hefe, beim Rührteig das Backpulver, bei Mürbe- und Blätterteig die Butter, und beim Biskuit sind es die Eier, die für die richtige Luftigkeit des Teigs sorgen. Gerade beim Biskuit ist es entscheidend, dass er schön »fluffig« wird. Am besten gelingt das, wenn man nur ganz frische Eier verwendet und die Zutaten später sehr vorsichtig, aber zügig unter den Eischnee hebt – nicht zu lange rühren! Und dann ab in den Ofen, damit der Teig fest wird, bevor die untergeschlagene Luft wieder verpuffen kann.

1 3 Eier aufschlagen und jeweils das Eiweiß vom Eigelb trennen.

2 Die Eiweiße mit 80 g Zucker und 1 Prise Salz zu einem cremigen Eischnee schlagen.

3 Nacheinander 40 g Mehl, 30 g Speisestärke, 1 1/2 EL Kakaopulver und 1 Msp. Backpulver in eine Schüssel sieben und mischen.

4 1 Msp. Vanillemark und die Eigelbe unter den Eischnee rühren.

5 Die Mehlmischung unter den Teig heben.

6 Den Teig in eine gefettete und mit Mehl ausgestäubte Springform (26 cm Durchmesser) füllen, glatt streichen und im Ofen auf der mittleren Schiene 12 bis 15 Minuten backen.

Rührteig herstellen

Hier muss es flott zugehen. Denn sobald Backpulver mit Feuchtigkeit in Verbindung kommt, setzt es Kohlendioxid frei und sorgt damit für kleine Luftbläschen im Teig. Butter, Zucker und Eier kann man also in Ruhe verquirlen, ist aber die Mehl-Backpulver-Mischung untergerührt, sollte der Teig fix in den Ofen!

1 150 g Butter mit 150 g Puderzucker leicht schaumig rühren. 1 Msp. unbehandelte Zitronenschale, 1 Msp. Vanillemark und 1 Prise Salz unterrühren.

2 3 Eier nach und nach unterrühren. 150 g Mehl mit 1/2 Päckchen Backpulver mischen, über den Teig sieben und kurz unterrühren.

3 Den Teig in eine gefettete Springform (26 cm Durchmesser) füllen und glatt streichen. Im Ofen auf der mittleren Schiene 20 bis 25 Minuten backen.

Schokolade temperieren

Damit Schokolade einen schönen Glanz bekommt und zart schmelzend auf der Zunge zergeht, ist es wichtig, dass sie beim Erwärmen und vor dem Weiterverarbeiten die richtige Temperatur hat, sie sollte also »temperiert« werden. Dafür gibt es unterschiedliche Verfahren, eine einfache Möglichkeit ist diese hier.

1 200 g Kuvertüre klein hacken und zwei Drittel davon in einer Metallschüssel im warmen Wasserbad unter Rühren schmelzen.

2 Die Schüssel aus dem Wasserbad nehmen, die restliche Kuvertüre hinzufügen und unter Rühren in der warmen Kuvertüre schmelzen.

3 Falls sich die Stücke nicht ganz auflösen sollten, die Kuvertüre nochmals vorsichtig im Wasserbad erwärmen, sie darf nicht wärmer als 32 °C werden.

Hefeteig tourieren

Tourierten Hefeteig nennt man auch Plunderteig, und wie beim Blätterteig ist die »Vielschichtigkeit« ausschlaggebend. Durch das Einarbeiten einer Butterplatte, bei dem der Teig mehrfach gefaltet und neu ausgerollt wird, entstehen zahlreiche Schichten, die sich beim Backen leicht voneinander abheben. Das Gebäck wird dadurch besonders luftig, die Butter gibt dazu ein feines Aroma. Für ein gutes Gelingen sollte der Teig zwischen den Verarbeitungsschritten gekühlt werden, und im Raum sollte es nicht zu warm sein.

1 Hefeteig und Butterplatte, wie auf S. 113 beschrieben, herstellen. Den Hefeteig 40 x 20 cm groß ausrollen. Die Butterplatte zu einer 19 x 19 cm großen Platte ausrollen, wachsweich auf eine Teighälfte legen, die andere Hälfte darüberklappen und gut andrücken.

2 Den Teig mit gleichmäßigem Druck wieder auf 40 x 20 cm ausrollen. Die Schmalseiten so übereinanderklappen, dass drei Lagen entstehen. 30 Minuten kühl stellen.

3 Dann den Teig wieder auf 40 x 20 cm ausrollen. Die Schmalseiten so zusammenklappen, dass vier Lagen entstehen. Erneut 30 Minuten kühl stellen.

4 Den Teig erneut auf 40 x 20 cm ausrollen und noch einmal dreilagig zusammenklappen. Den Teig erneut 30 Minuten kühl stellen. Inzwischen die Nussfüllung (siehe S. 113) herstellen.

5 Den Teig zu einem 45 x 30 cm großen Rechteck ausrollen. Die Füllung gleichmäßig darauf verstreichen, Teig von der Längsseite zweimal einklappen (im Anschnitt wie eine Schnecke) und flach drücken.

6 Mit einer Schere die Teigoberfläche im Zickzack einschneiden, noch etwas aufreißen und den gefüllten Teig in 6 cm breite Stücke schneiden. Nach Rezept backen.

Himbeer-Charlotten

Diese kleinen süßen Törtchen sind eine wunderbare Variation der klassischen, größeren Himbeer-Charlotte. Sie lassen sich sehr gut vorbereiten und sind später z.B. als Dessert zu einem aufwendigen Menü schnell auf den Tisch gebracht. Besonders Kinder lieben die fruchtigen Kuchen, für sie sollte man jedoch auf den Prosecco verzichten und stattdessen Obstsaft verwenden. Wer Himbeeren nicht mag oder beim Einkaufen keine bekommt, kann diese problemlos durch Erdbeeren, Heidelbeeren & Co. ersetzen.

1 5 Eiweiße mit 100 g Zucker zu einem cremigen Schnee schlagen. 5 Eigelbe mit 50 g Zucker schaumig rühren. 100 g Speisestärke mit 100 g Mehl sieben. Den Eischnee unter die Eigelbmasse heben, dann die Mehlmischung unterheben. Den Backofen auf 200 °C vorheizen.

2 Den Teig in einen Spritzbeutel mit Lochtülle füllen. Auf zehn 5 x 26 cm große Backpapierstreifen quer dicht an dicht 1 cm breite und 4 cm lange Streifen spritzen. Die Oberfläche in Zucker tauchen (dafür auf eine flache Platte 100 g Zucker geben und glatt streichen).

3 Immer zwei Streifen auf der mittleren Schiene 12 bis 15 Minuten backen. Die restliche Biskuitmasse 1/2 cm dick auf ein Backpapier streichen, 8 bis 10 Minuten backen und mit einem 6 cm großen runden Ausstecher zehn Kreise ausstechen.

4 Die heißen Biskuitstreifen mit einem Messer von den Backpapierstreifen lösen. Zehn runde Förmchen (à 8 cm Durchmesser) am inneren Rand mit den Biskuitstreifen auslegen. Abkühlen lassen und jeweils einen ausgestochenen Kreis hineinlegen.

5 4 Blatt Gelatine nach Packungsanweisung einweichen. 80 ml Prosecco mit 40 g Puderzucker und 2 EL Zitronensaft verrühren. 2 EL Prosecco erwärmen, die Gelatine ausdrücken und unter Rühren darin auflösen. Die Gelatine unter die restliche Masse rühren. Kühl stellen.

6 200 g Sahne steif schlagen und unterheben, sobald die Masse geliert. In die Förmchen füllen und mit 500 g Himbeeren belegen. Aus 1 Päckchen Tortenguss mit 1/4 l Prosecco einen Guss zubereiten und über die Früchte verteilen. Fest werden lassen und aus den Formen lösen.

Kuchen

KUCHEN & TORTEN

Heidelbeer-Marzipan-Schnitten

Zutaten für 12 Stücke

Für den Biskuit:
60 g Mehl
60 g Speisestärke
1/2 TL Backpulver
80 g gemahlene Haselnüsse
8 Eier
140 g Zucker
Salz
1 Msp. Vanillemark
1 Msp. abgeriebene unbehandelte Zitronenschale
60 g heiße Butter
200 g Heidelbeeren (tiefgekühlt)

Für die Marzipanbuttercreme:
340 ml Milch
30 g Zucker
20 g Vanillepuddingpulver
140 g Marzipanrohmasse
2 EL Maraschino (Kirschlikör)
240 g weiche Butter

Zum Tränken:
100 g Zucker
2 EL Maraschino

Außerdem:
200 g Marzipanrohmasse
50 g Puderzucker
1 TL Maraschino
Puderzucker zum Ausrollen
100 g weiße Kuvertüre
12 frische Heidelbeeren

1 Am Vortag für den Biskuit den Backofen auf 200 °C vorheizen. Das Mehl mit der Speisestärke und dem Backpulver in eine Schüssel sieben und die Haselnüsse untermischen. Die Eier trennen. Die Eiweiße mit dem Zucker und 1 Prise Salz zu einem cremigen Schnee schlagen. Die Eigelbe, das Vanillemark und die Zitronenschale unterrühren. Die Mehlmischung vorsichtig unterheben und zuletzt die Butter unterrühren (siehe S. 96).

2 Die Masse auf zwei mit Backpapier belegte Backbleche (40 x 30 cm) streichen. Die tiefgekühlten Heidelbeeren gleichmäßig darauf verteilen. Nacheinander im Ofen auf der mittleren Schiene 10 bis 12 Minuten backen. Herausnehmen, mit dem Backpapier vom Blech ziehen und abkühlen lassen.

3 Für die Marzipanbuttercreme aus der Milch, dem Zucker und dem Vanillepuddingpulver nach Packungsanweisung einen Pudding kochen. Abkühlen lassen. Die Marzipanrohmasse klein schneiden und mit dem Maraschino zu einer glatten Masse verarbeiten. Die weiche Butter mit dem Vanillepudding cremig rühren. Die Marzipanmasse unter die Creme rühren.

4 Zum Tränken den Zucker mit 100 ml Wasser aufkochen und abkühlen lassen. Den Maraschino dazugeben. Die gebackenen Teigböden in je drei Streifen (à 10 cm breit) schneiden. Jeden Boden leicht mit Zucker-Maraschino-Wasser tränken. Die Streifen Schicht für Schicht mit zwei Drittel der Buttercreme zusammensetzen, dabei mit einem Teigboden beginnen und abschließen. Über Nacht kühl stellen.

5 Am nächsten Tag die restliche Marzipanbuttercreme im Wasserbad leicht erwärmen, bis sie streichfähig ist (sie sollte nicht zu warm werden, sonst wird sie flüssig). In einen Spritzbeutel mit Lochtülle 3 EL abfüllen und beiseitelegen. Die gefüllte Schnitte rundum mit der restlichen Marzipanbuttercreme einstreichen. So lange kühl stellen, bis die Buttercreme fest ist.

6 Die Marzipanrohmasse mit dem Puderzucker und dem Maraschino verkneten und auf der mit Puderzucker bestäubten Arbeitsfläche zu einer 40 x 25 cm großen Platte ausrollen. Die Platte über die gefüllte, eingestrichene Schnitte legen und an allen Seiten etwas andrücken.

7 Die weiße Kuvertüre hacken, in einer Metallschüssel im warmen Wasserbad schmelzen und temperieren (siehe S. 97). Die Heidelbeerschnitte rundum mit der Kuvertüre bestreichen. Den Kuchen mit einem erwärmten Messer in 12 Stücke schneiden. Jeweils 1 Marzipancremetupfen in die Mitte spritzen und mit 1 Heidelbeere verzieren.

Eckiger Obstkuchen mit Kokos-Maracuja-Pudding

Zutaten für 10 Stücke

Für den Biskuit:
50 g Mehl
160 g Puderzucker
140 g Kokosraspel
50 g gemahlene Mandeln
7 Eiweiß
60 g Zucker
Salz
1 Msp. Vanillemark
1 Msp. abgeriebene unbehandelte Zitronenschale

Für den Kokos-Maracuja-Pudding:
300 ml Kokosmilch
200 ml Maracujasaft
50 g Zucker
1 Päckchen Vanillepuddingpulver

Für den Belag:
2–3 EL Semmelbrösel
ca. 600 g gemischtes Obst (z.B. Ananas, Apfel, Aprikosen, Erdbeeren, Heidelbeeren, Himbeeren, Kiwi, Mango, Melone, Nektarine)
2 Päckchen klarer Tortenguss
1/2 l Apfelsaft

1 Für den Biskuit den Backofen auf 180 °C vorheizen. Das Mehl mit dem Puderzucker in eine Schüssel sieben, die Kokosraspel und die Mandeln untermischen.

2 Die Eiweiße mit dem Zucker und 1 Prise Salz zu einem cremigen Schnee schlagen. Das Vanillemark und die Zitronenschale unterrühren und die Mehlmischung unterheben (siehe S. 96).

3 Die Masse auf ein mit Backpapier belegtes Backblech (40 x 30 cm) geben und glatt streichen. Im Ofen auf der mittleren Schiene 15 bis 17 Minuten backen. Herausnehmen und auskühlen lassen.

4 Für den Kokos-Maracuja-Pudding aus Kokosmilch, Maracujasaft, Zucker und Puddingpulver nach Packungsanweisung einen Vanillepudding kochen. Abkühlen lassen.

5 Den gebackenen Kokosboden in der Mitte teilen und eine Hälfte mit der Hälfte des Puddings bestreichen. Die andere Hälfte des Bodens darauflegen, leicht andrücken und mit dem restlichen Pudding bestreichen. Mit Semmelbröseln bestreuen.

6 Das Obst putzen und waschen bzw. schälen und bei Bedarf entkernen oder entsteinen. Das Obst je nach Sorte in nicht zu kleine Stücke schneiden. Den Kuchen damit belegen.

7 Aus dem Tortenguss und dem Apfelsaft nach Packungsanweisung einen Guss zubereiten und über den Früchten verteilen. Den Obstkuchen bis zum Servieren kühl stellen.

Angelika Schwalber empfiehlt

Statt des Kokos-Maracuja-Puddings können Sie auch aus 1/2 l Milch, 50 g Zucker und 1 Päckchen Vanillepuddingpulver einen einfachen Vanillepudding kochen und diesen zwischen den gebackenen Kokosboden schichten. Für ein besonders farbintensives Ergebnis verwenden Sie für den Obstbelag nur Erdbeeren oder andere rote Früchte.

BANANENKUCHEN MIT MUSKATBUTTERCREME

1 Für den Schokoladenbiskuit den Backofen auf 180 °C vorheizen. Das Mehl mit der Speisestärke und dem Backpulver in eine Schüssel sieben und die Schokostreusel untermischen.

2 Die Eier trennen. Die Eiweiße mit dem Zucker und 1 Prise Salz zu einem cremigen Schnee schlagen. Die Eigelbe, das Vanillemark und die Zitronenschale unterrühren. Die Mehlmischung unterheben und zuletzt die Butter unterrühren (siehe S. 96).

3 Eine Springform (26 cm Durchmesser) mit Butter einfetten und mit Mehl ausstäuben. Den Teig hineingeben und im Ofen auf der mittleren Schiene 10 bis 12 Minuten backen. Den Biskuit aus dem Ofen nehmen und abkühlen lassen.

4 Für die Muskatcreme aus der Milch, dem Zucker und dem Vanillepuddingpulver nach Packungsanweisung einen Pudding kochen. In eine Schüssel füllen, mit Frischhaltefolie abdecken und abkühlen lassen. Die weiche Butter und den kalten Pudding schaumig rühren und mit Muskatnuss würzen. In einen Spritzbeutel mit Lochtülle 3 EL abfüllen und beiseitelegen.

5 Den Biskuitboden auf eine Tortenplatte legen und mit der glatt gerührten Aprikosenkonfitüre bestreichen. Die Bananen schälen und in 1 cm breite Scheiben schneiden. Den Biskuit dicht mit den Bananen belegen. Zwei Drittel der Muskatcreme auf den Bananen verteilen, mit dem Rest den Rand bestreichen.

6 Den Kuchen rundum mit den Schokospänen bestreuen und 12 Stücke markieren. Mit Puderzucker bestäuben, auf jedes Stück 1 Tupfen Muskatcreme spritzen und diesen mit je 1 Bananenchip garnieren.

Zutaten für 12 Stücke

Für den Schokoladenbiskuit:
50 g Mehl
30 g Speisestärke
1/2 TL Backpulver
3 EL Schokostreusel
4 Eier
90 g Zucker
Salz
1 Msp. Vanillemark
1 Msp. abgeriebene unbehandelte Zitronenschale
1 TL heiße Butter

Für die Muskatcreme:
140 ml Milch
20 g Zucker
10 g Vanillepuddingpulver
120 g weiche Butter
1/2 TL frisch geriebene Muskatnuss

Außerdem:
Butter und Mehl für die Form
3 EL Aprikosenkonfitüre
3–4 Bananen
100 g Schokoladenspäne
ca. 1 EL Puderzucker zum Bestäuben
12 Bananenchips

Angelika Schwalber empfiehlt

Passend zum Bananenbelag, können Sie die Muskatcreme mit 3 bis 4 EL Bananenlikör abschmecken. Und wenn es noch etwas schokoladiger sein darf, etwa 200 g Kuvertüre in einer Metallschüssel im Wasserbad schmelzen und temperieren (siehe S. 97) und den fertigen Kuchen damit überziehen. Trocknen lassen und erst dann die Muskatcremetupfen aufspritzen.

Aprikosendatschi mit zweierlei Teig

Zutaten für 12 Stücke

Für den Mürbeteig:
100 g Mehl
30 g Puderzucker
1 Msp. abgeriebene unbehandelte Zitronenschale
1 Msp. Vanillemark
Salz
1 TL Backpulver
1 Eigelb
70 g weiche Butter

Für den Hefeteig:
80 g Mehl
1 EL Zucker
Salz
1 Msp. abgeriebene unbehandelte Zitronenschale
1 Msp. Vanillemark
5 g frische Hefe
2 EL lauwarme Milch
1 Eigelb
1 1/2 EL weiche Butter

Außerdem:
Mehl für die Arbeitsfläche
Butter und Mehl für die Form
750 g Aprikosen
3–4 EL Semmelbrösel
1 EL Zucker
1/2 Päckchen klarer Tortenguss
1/8 l Apfelsaft

1 Für den Mürbeteig das Mehl auf die Arbeitsfläche sieben und in die Mitte eine Mulde drücken. Den Puderzucker mit der Zitronenschale, dem Vanillemark, 1 Prise Salz, dem Backpulver und dem Eigelb in die Vertiefung geben. Die Butter in Stücken am Rand verteilen. Alles mit den Händen rasch zu einem glatten Teig verkneten, zu einem Rechteck formen, in Frischhaltefolie wickeln und 1 Stunde kühl stellen (siehe S. 94).

2 Für den Hefeteig das Mehl, Zucker, 1 Prise Salz, Zitronenschale, Vanillemark und die zerbröckelte Hefe in eine Schüssel geben. Die lauwarme Milch, das Eigelb und die weiche Butter dazugeben. Mit den Knethaken des Handrührgeräts zu einem glatten Teig verkneten. Den Teig zugedeckt an einem warmen Ort 15 Minuten gehen lassen.

3 Den Mürbeteig nochmals durchkneten und auf der bemehlten Arbeitsfläche zu einem Rechteck (10 x 12 cm) ausrollen. Den Hefeteig zu einem Rechteck (25 x 12 cm) ausrollen und den Mürbeteig auf eine Hälfte legen. Die andere Hefeteighälfte darüberschlagen. Den Teig zu einem Rechteck (30 x 20 cm) ausrollen, eine Seite zu zwei Dritteln einschlagen und die andere Seite darüberlegen, sodass drei gleich große Lagen aufeinanderliegen. Zugedeckt 15 Minuten kühl stellen.

4 Den Teig noch einmal zu einem Rechteck (30 x 20 cm) ausrollen und wie beschrieben zusammenschlagen. Erneut 15 Minuten kühl stellen. Eine Springform (26 cm Durchmesser) einfetten und mit Mehl ausstäuben. Den Teig zu einem runden Boden (28 cm Durchmesser) ausrollen und in die Form legen.

5 Den Backofen auf 200 °C vorheizen. Die Aprikosen waschen, oben kreuzweise bis zur Hälfte einschneiden und entsteinen. Die Aprikosen nach Belieben halbieren. Die Semmelbrösel auf dem Teigboden verteilen und die Aprikosen dicht aneinander darauflegen. Den Aprikosendatschi im Ofen auf der mittleren Schiene 15 bis 20 Minuten backen. Herausnehmen, mit dem Zucker bestreuen und abkühlen lassen.

6 Den Tortenguss mit dem Apfelsaft nach Packungsanweisung zubereiten und gleichmäßig über dem abgekühlten Datschi verteilen.

Angelika Schwalber empfiehlt

Alternativ können Sie den Datschi natürlich auch auf einem kleinen Backblech (30 x 20 cm) backen. Als Belag eignen sich statt der Aprikosen auch sehr gut Zwetschgen oder Rhabarber.

Mohnkuchen mit Kirschen und Eierlikör

Zutaten für 12 Stücke

Für den Rührteig:
100 g Butter
90 g Puderzucker
Salz · 3 Eier
100 g gemahlene Haselnüsse
100 g gemahlener Mohn
2 EL Speisestärke
1/2 TL Backpulver
40 g Zartbitter-Schokoraspel
1 EL Eierlikör

Außerdem:
Butter für die Form
300 g Sauerkirschen (tiefgekühlt; aufgetaut)
500 g Sahne
2 Päckchen Sahnesteif
2 EL Vanillezucker
1/2 Blatt Gelatine
150 ml Eierlikör
ca. 1 EL gemahlener Mohn
12 Kirschen

1 Für den Rührteig den Backofen auf 180 °C vorheizen. Die Butter mit dem Puderzucker und 1 Prise Salz leicht schaumig schlagen. Die Eier nach und nach dazugeben und unterrühren. Die Nüsse, den Mohn, die Speisestärke, das Backpulver und die Schokoraspel mischen. Die Nussmischung mit dem Eierlikör unter die Butter-Ei-Masse rühren (siehe S. 97).

2 Eine Springform (26 cm Durchmesser) mit Butter einfetten, den Teig hineinfüllen und glatt streichen. Die aufgetauten Kirschen in einem Sieb abtropfen lassen und auf dem Teig verteilen. Den Kuchen im Ofen auf der mittleren Schiene 25 bis 30 Minuten backen. Herausnehmen und abkühlen lassen.

3 Die Sahne mit dem Sahnesteif und dem Vanillezucker steif schlagen. Zwei Drittel der Sahne auf dem kalten Mohn-Kirsch-Boden verstreichen. Die restliche Sahne in einen Spritzbeutel mit großer Sterntülle füllen und am Rand sowie etwa 6 cm vom Rand entfernt je einen Ring in Tatzenform spritzen.

4 Die Gelatine nach Packungsanweisung in kaltem Wasser einweichen. Die Gelatine ausdrücken und in einem kleinen Topf bei schwacher Hitze auflösen. Den Eierlikör dazugeben und gut verrühren.

5 Den Eierlikör in die glatten Flächen (in die Sahnezwischenräume) füllen und die Tatzen mit etwas Mohn verzieren. Die Torte in 12 Stücke teilen und jedes Stück mit 1 Kirsche dekorieren.

Angelika Schwalber empfiehlt

Anstatt des Eierlikörs können Sie auch einen Whiskey-Sahne-Likör, wie z.B. Baileys für den Rührteig und die Gelatinemasse verwenden. Im Spätsommer lassen sich die Sauerkirschen auch wunderbar durch frische Zwetschgen ersetzen.

KÄSEKUCHEN MIT ORANGENAROMA

Zutaten für 12 Stücke

Für den Quark-Öl-Teig:
- 300 g Mehl
- 1/2 TL Backpulver
- 150 g Speisequark (20 % Fett)
- 6 EL Orangensaft
- 6 EL Öl
- 75 g Zucker
- Salz
- 1 TL abgeriebene unbehandelte Orangenschale

Für den Quarkbelag:
- 1/4 l Milch
- 130 g Zucker
- 2 Päckchen Vanillepuddingpulver
- 4 Eier
- Salz
- 750 g Speisequark (20 % Fett)
- 3 EL Weichweizengrieß
- abgeriebene Schale von 1 unbehandelten Orange
- 80 g heiße Butter

Außerdem:
- Butter und Mehl für die Form

1 Für den Quark-Öl-Teig das Mehl mit dem Backpulver in eine Schüssel sieben. Den Quark, den Orangensaft, das Öl, den Zucker, 1 Prise Salz und die Orangenschale dazugeben und alle Zutaten mit den Knethaken des Handrührgeräts zu einem glatten Teig verkneten. Zugedeckt 30 Minuten kühl stellen.

2 Für den Quarkbelag aus der Milch, 30 g Zucker und 1 Päckchen Vanillepuddingpulver nach Packungsanweisung einen Vanillepudding kochen. Mit Frischhaltefolie abdecken und abkühlen lassen. Die Eier trennen. Die Eiweiße mit 1 Prise Salz und dem restlichen Zucker steif schlagen.

3 Den Vanillepudding glatt rühren und mit dem Quark vermischen. Die Eigelbe, das restliche Vanillepuddingpulver, den Grieß und die Orangenschale unterrühren. Den Eischnee unterheben und zuletzt die Butter unterrühren.

4 Den Backofen auf 180 °C vorheizen. Den Boden einer Springform (26 cm Durchmesser) mit Butter einfetten und mit Mehl bestäuben, den Rand der Form nur einfetten. Zwei Drittel des Quark-Öl-Teigs rund (26 cm Durchmesser) etwa 1 1/2 cm dick ausrollen und den Springformboden damit auslegen. Den restlichen Teig zu einer Rolle formen und als Rand am Springformboden etwa 3 cm hochdrücken. Die Quarkmasse auf dem Teig verteilen.

5 Den Kuchen auf der mittleren Schiene in den Ofen schieben, die Temperatur auf 160 °C reduzieren und den Käsekuchen 50 bis 60 Minuten backen. Nach etwa 35 Minuten mit Backpapier bedecken. Sobald der Kuchen aufgeht, mit einem Messer den Rand etwa 1 cm tief lösen und weiterbacken.

6 Den Käsekuchen herausnehmen, etwas auskühlen lassen, sodass er ein wenig einsinkt. Auf ein Kuchengitter stürzen und auskühlen lassen. Anschließend erneut stürzen, sodass der Quarkbelag wieder oben liegt.

Angelika Schwalber empfiehlt

Als Boden für einen Käsekuchen eignet sich auch ein »1-2-3-Mürbeteig«: 100 g Puderzucker, 200 g Butter, 300 g Mehl. Dazu kommen noch 1 Eigelb, 1 Prise Salz, 1 Msp. Vanillemark und 1 Msp. abgeriebene unbehandelte Zitronenschale. Den Mürbeteig wie auf S. 94 beschrieben zubereiten.

Osterfladen im Tontopf

Zutaten für 4 Fladen

Für die Fladen:
60 g Orangeat
250 g Rosinen
30 g Mandelstifte
3 EL Maraschino (Kirschlikör)
600 g Mehl
70 g Zucker
2 gestr. TL Salz
1 Würfel Hefe (42 g)
135 ml lauwarme Milch
3 Eier · 3 Eigelb
1 Msp. Vanillemark
2 Msp. abgeriebene unbehandelte Zitronenschale
80 g weiche Butter
100 g weiches Butterschmalz

Außerdem:
50 g heiße Butter
2 EL Puderzucker

1 Für die Fladen am Vortag das Orangeat hacken und mit den Rosinen, den Mandelstiften und dem Maraschino mischen. Über Nacht zugedeckt ziehen lassen.

2 Am nächsten Tag das Mehl in eine Schüssel sieben, Zucker, Salz, zerbröckelte Hefe, Milch, Eier und Eigelbe, Vanillemark sowie Zitronenschale dazugeben und mit den Knethaken des Handrührgeräts verrühren. Die Butter und das Butterschmalz dazugeben und alles zu einem glatten Teig verkneten (siehe S. 95). Die Rosinen-Orangeat-Mandel-Mischung hinzufügen und kurz unterkneten.

3 Den Teig in vier gleich große Portionen teilen und jeweils eine Kugel daraus formen. In mit Backpapier ausgelegte Tontöpfe (etwa 8 cm Durchmesser, 8 cm hoch) geben. Etwas flach drücken und zugedeckt an einem warmen Ort etwa 30 Minuten gehen lassen.

4 Den Backofen auf 180 °C vorheizen. Die Teigoberflächen mit etwas heißer Butter bestreichen, dann mit einem scharfen Messer ein Gitter (etwa 1/2 cm tief) einschneiden.

5 Die Osterfladen im Ofen auf der mittleren Schiene etwa 30 Minuten backen. Falls nötig, nach 15 Minuten mit Backpapier bedecken. Herausnehmen, noch einmal mit Butter bestreichen und mit Puderzucker bestäuben.

Angelika Schwalber empfiehlt

Durch das Backen im Tontopf bekommen die Fladen eine besonders schöne Form. Doch wer keine Tontöpfe im Haus hat und nicht extra welche besorgen möchte, kann den Teig auch zu zwei runden Fladen formen und diese einfach auf ein mit Backpapier belegtes Backblech legen. Dann im vorgeheizten Backofen etwa 40 bis 45 Minuten backen und nach der Hälfte der Backzeit mit Backpapier abdecken.

Minz-Joghurt-Kuchen mit Schokoglasur

Zutaten für 13 Stücke

140 g weiche Butter
140 g Puderzucker
3 Eier
210 g Naturjoghurt
170 g Mehl
1 1/2 TL Backpulver
110 g Speisestärke
140 g Pfefferminz-Schokoblättchen
4 EL Milch
Butter für die Form
280 g Zartbitterkuvertüre

1 Den Backofen auf 180 °C vorheizen. Die Butter mit dem Puderzucker leicht schaumig schlagen. Die Eier nach und nach dazugeben. Den Joghurt unterrühren.

2 Das Mehl mit dem Backpulver und der Speisestärke in eine Schüssel sieben. Die Schokoblättchen klein hacken und unter die Mehlmischung rühren. Mit der Milch unter die Butter-Puderzucker-Mischung rühren.

3 Den Teig in eine gefettete Kastenform (30 cm lang) geben, glatt streichen und im Ofen auf der mittleren Schiene 45 bis 50 Minuten backen. Herausnehmen und 10 Minuten abkühlen lassen.

4 Den Kuchen mit einem Messer vom Rand lösen, auf ein Kuchengitter stürzen und auskühlen lassen. Die Zartbitterkuvertüre hacken, in einer Metallschüssel im warmen Wasserbad schmelzen und temperieren (siehe S. 97).

5 Den Kuchen mit der Kuvertüre überziehen, nach Belieben mit kandierten Minzeblättern garnieren und fest werden lassen.

Angelika Schwalber empfiehlt

Es muss nicht gleich ein ganzer Kuchen sein, aus diesem Teig lassen sich auch Muffins backen. Hierfür die Vertiefungen einer Muffinform einfetten und mit Mehl ausstäuben oder Papierförmchen hineinsetzen. Den Backofen auf 180 °C vorheizen und die Muffins darin 20 bis 25 Minuten backen. Mit der Kuvertüre überziehen und mit je 1 Pfefferminz-Schokoblättchen garnieren.

NUSS-STRIEZEL MIT APRIKOSENGLASUR

Zutaten für 8 kleine Striezel

Für den Hefeteig:
220 g Mehl
30 g Zucker
1/2 gestr. TL Salz
15 g frische Hefe
1 Msp. Vanillemark
1 Msp. abgeriebene unbehandelte Zitronenschale
100 ml Milch
30 g weiche Butter

Für die Butterplatte:
90 g weiches Butterschmalz
40 g weiche Butter
25 g Mehl

Für die Nussfüllung:
100 g gemahlene Haselnüsse
50 g Zucker
40 g Semmelbrösel
1/8 l Milch
Zimtpulver
50 g Marzipanrohmasse

Für die Verzierung:
5 EL Aprikosenkonfitüre
Saft von 1/2 Zitrone
ca. 100 g Puderzucker
3 EL gehackte Haselnüsse

Außerdem:
Mehl für die Arbeitsfläche

1 Für den Hefeteig das Mehl, den Zucker, das Salz, die zerbröckelte Hefe, das Vanillemark und die Zitronenschale in eine Schüssel geben. Mit der kalten Milch verrühren. Die weiche Butter dazugeben und alles mit den Knethaken des Handrührgeräts zu einem glatten Teig verkneten. Den Teig in Frischhaltefolie wickeln und 30 Minuten kühl stellen.

2 Für die Butterplatte Butterschmalz, Butter, Mehl und 1 EL Wasser zu einer glatten Masse verarbeiten und auf einem Backpapier zu einer 19 x 19 cm großen Platte aufstreichen. Kühl stellen.

3 Den Hefeteig auf der bemehlten Arbeitsfläche zu einer Größe von etwa 40 x 20 cm ausrollen. Die wachsweiche Butterplatte auf eine Teighälfte legen, die andere Teighälfte darüberklappen und gut andrücken (siehe S. 98).

4 Den Teig mit gleichmäßigem Druck wieder auf eine Größe von 40 x 20 cm ausrollen und die Schmalseiten so übereinanderklappen, dass drei Lagen entstehen. 30 Minuten kühl stellen. Dann den Teig wieder auf 40 x 20 cm ausrollen und die Schmalseiten so übereinanderklappen, dass vier Lagen entstehen (siehe S. 98). Erneut 30 Minuten kühl stellen. Dann den Teig noch einmal ausrollen und dreilagig zusammenlegen. 30 Minuten kühl stellen.

5 Für die Nussfüllung die Haselnüsse, den Zucker, die Semmelbrösel, die Milch, 1 Prise Zimt und die Marzipanrohmasse zu einer glatten Masse verrühren.

6 Den Backofen auf 180 °C vorheizen. Den Teig zu einem Rechteck (ca. 45 x 30 cm) ausrollen. Die Nussfüllung darauf verstreichen, den Teig von der Längsseite bis zur Mitte einschlagen, die andere Längsseite darüberschlagen und etwas flach drücken. Die Teigoberfläche mit einer Schere im Zickzack einschneiden und noch etwas aufreißen. Den Striezel in 6 cm breite Stücke schneiden. Auf ein mit Backpapier belegtes Backblech legen und im Ofen auf der mittleren Schiene 20 bis 25 Minuten backen.

7 Für die Verzierung die Aprikosenkonfitüre erwärmen und glatt rühren. Die noch warmen Striezel mit der Konfitüre bestreichen und trocknen lassen. Aus dem Zitronensaft und dem Puderzucker eine Glasur anrühren und die Striezel damit bestreichen. Mit den Haselnüssen bestreuen und trocknen lassen.

Osterlamm mit Kirschfüllung

Zutaten für 1 Lamm-Backform
(ca. 1 l Inhalt)

Für das Lamm:
70 g Marzipanrohmasse
100 g Zucker
120 g weiche Butter
3 Eier
170 g Mehl
1/2 TL Backpulver

Außerdem:
Öl und Semmelbrösel für die Form
1 kleines Glas Sauerkirschen
(185 g Abtropfgewicht)
Puderzucker zum Bestäuben

1 Den Backofen auf 180 °C vorheizen. Die Lamm-Backform mit Öl einfetten und mit Semmelbröseln ausstreuen. Die Kirschen in ein Sieb abgießen und gut abtropfen lassen.

2 Die Marzipanrohmasse in grobe Stücke brechen und mit dem Zucker und der Butter cremig rühren. Die Eier nach und nach unterrühren. Das Mehl mit dem Backpulver mischen und ebenso unterrühren.

3 Den Teig in einen Spritzbeutel mit Lochtülle füllen und zu einem Drittel in die Form füllen. Die Hälfte der Kirschen mittig daraufgeben. Das zweite Drittel des Teigs einfüllen, die übrigen Kirschen und als Abschluss den restlichen Teig in die Form geben.

4 Das Osterlamm im Ofen auf der mittleren Schiene 35 bis 45 Minuten backen. Herausnehmen und etwas abkühlen lassen. Im noch gut warmen Zustand vorsichtig aus der Backform lösen. Auf einem Kuchengitter auskühlen lassen.

5 Für die Verzierung das kalte Osterlamm mit Puderzucker bestäuben und nach Belieben mit einem Glöckchen und Fähnchen dekorieren und auf Ostergras setzen.

Angelika Schwalber empfiehlt

Wenn Sie noch etwa 2 EL Kakaopulver sieben und unter den Teig mischen, erhalten Sie ein »Schokoladenlamm«. Je nach Geschmack kann das Lamm alternativ auch mit Aprikosen oder Ananas gefüllt werden.

Sachertorte mit zweierlei Konfitüren

Zutaten für 16 Stücke

Für den Biskuit:
130 g Zartbitterkuvertüre
100 g Mehl
50 g Speisestärke
1/2 TL Backpulver
5 Eier
130 g Zucker
Salz
150 g weiche Butter
1 Msp. Vanillemark

Zum Tränken und Bestreichen:
100 g Zucker
3 EL Rum
3–4 EL Preiselbeerkonfitüre
3–4 EL Aprikosenkonfitüre

Für die Schokobuttercreme:
80 g Vanillepudding (Fertigprodukt)
50 g weiche Butter
2 EL geschmolzene Zartbitterkuvertüre

Außerdem:
Butter und Mehl für die Form
1 Marzipandecke (fertig ausgerollt)
400 g Zartbitterkuvertüre

1 Am Vortag für den Biskuit den Backofen auf 180 °C vorheizen. Die Kuvertüre hacken und in einer Metallschüssel im warmen Wasserbad schmelzen und temperieren (siehe S. 97). Das Mehl mit der Speisestärke und dem Backpulver in eine Schüssel sieben. Die Eier trennen. Die Eiweiße mit 100 g Zucker und 1 Prise Salz zu einem cremigen Schnee schlagen. Den restlichen Zucker mit der Butter leicht schaumig rühren, die Eigelbe nach und nach unterrühren.

2 Die Kuvertüre und das Vanillemark unter die schaumige Butter-Ei-Masse rühren. Zuerst den Eischnee, dann die Mehlmischung unterheben. Den Boden einer Springform (26 cm Durchmesser) einfetten und mit Mehl ausstäuben. Den Teig einfüllen, glatt streichen und im Ofen auf der mittleren Schiene 25 bis 30 Minuten backen. Herausnehmen und abkühlen lassen.

3 Zum Tränken den Zucker mit 50 ml Wasser aufkochen, abkühlen lassen und den Rum dazugeben.

4 Den ausgekühlten Biskuitboden zweimal quer durchschneiden, sodass drei gleich dicke Böden entstehen. Den unteren Boden mit der glatt gerührten Preiselbeerkonfitüre gleichmäßig bestreichen. Den mittleren Boden auflegen, etwas andrücken und mit einem Löffel etwas Rumsirup darauf verteilen. Die glatt gerührte Aprikosenkonfitüre gleichmäßig darauf verstreichen. Den oberen Teigboden auflegen und andrücken. Mit dem restlichen Rumsirup beträufeln. Die Torte stürzen und über Nacht durchziehen lassen.

5 Am nächsten Tag für die Schokobuttercreme den Vanillepudding mit der weichen Butter schaumig rühren. Die geschmolzene Kuvertüre unterrühren. Wenn die Creme zu fest sein sollte, kurz im Wasserbad anwärmen.

6 Die Torte wieder umdrehen und mit der Schokobuttercreme rundum bestreichen. Kühl stellen, bis die Buttercreme fest geworden ist. Die Marzipandecke auflegen und andrücken.

7 Die Kuvertüre hacken und in einer Metallschüssel im warmen Wasserbad schmelzen und temperieren (siehe S. 97). Etwa 4 EL abnehmen und in ein kleines Spritztütchen füllen. Die Torte mit der restlichen Kuvertüre überziehen und fest werden lassen. Mit einem angewärmten Messer 16 Stücke markieren und auf jedes Stück mit der Kuvertüre im Spritztütchen ein S schreiben. Die Kuvertüre fest werden lassen.

Birnen-Baiser-Torte mit Pinienkernen

1 Für den Schokoladenbiskuit den Backofen auf 180 °C vorheizen. Das Mehl mit der Speisestärke, dem Backpulver und dem Kakaopulver in eine Schüssel sieben und mischen. Die Eier trennen. Die Eiweiße mit dem Zucker und 1 Prise Salz zu einem cremigen Schnee schlagen. Die Eigelbe und das Vanillemark unter den Eischnee rühren. Die Mehlmischung unterheben (siehe S. 96).

2 Eine Springform (26 cm Durchmesser) einfetten und mit Mehl ausstäuben. Den Teig hineingeben und im Ofen auf der mittleren Schiene 12 bis 15 Minuten backen.

3 Inzwischen für den Baiserdeckel die Butter mit dem Puderzucker verrühren. Die Eier trennen und die Eigelbe einzeln unter die Buttermasse rühren. Das Mehl und das Backpulver sieben und mit 1 Prise Salz, dem Vanillemark und der Zitronenschale unter die Buttermasse rühren. Einen Tortenring (26 cm Durchmesser) auf ein Backblech stellen und auf dem Backblech die sich ergebende Kreisfläche einfetten und mit Mehl bestäuben. Den Teig hineingeben und glatt streichen. Die Eiweiße mit dem Zucker zu einem steifen Schnee schlagen. Das Kakaopulver unterheben, den Eischnee auf dem Teig verteilen und mit den Pinienkernen bestreuen.

4 Den Biskuit aus dem Ofen nehmen, auf ein Kuchengitter stellen und abkühlen lassen. Den Baiserdeckel im Ofen auf der mittleren Schiene 15 bis 20 Minuten backen. Falls nötig, nach 8 bis 10 Minuten mit Backpapier bedecken. Herausnehmen, den heißen Baiserdeckel mit einem spitzen Messer vorsichtig vom Tortenring lösen und den Ring entfernen. Den Baiserdeckel mit einem scharfen Messer vom Blech lösen und in 16 Stücke schneiden.

5 Für die Birnenfüllung die Birnen vierteln, schälen und das Kerngehäuse entfernen. Die Birnen in etwa 1 cm große Würfel schneiden. Den Zucker in einem Topf karamellisieren, die Birnenwürfel dazugeben und 1 Minute unter Rühren andünsten. Mit 300 ml Birnensaft ablöschen, den Zitronensaft und die Zimtblüten dazugeben und die Birnen weiter bissfest dünsten. Die Zimtblüten wieder entfernen. Das Puddingpulver mit dem restlichen Birnensaft glatt rühren und das Birnenkompott damit binden. Die noch heiße Füllung auf den abgekühlten, mit dem Tortenring umstellten Biskuitboden geben und abkühlen lassen.

6 Die Sahne mit dem Sahnesteif und dem Vanillezucker steif schlagen. Auf den Birnen verstreichen und den Baiserdeckel auflegen. Die Torte 1 bis 2 Stunden kühl stellen (Rezeptfoto siehe S. 100 – 101).

Zutaten für 16 Stücke

Für den Schokoladenbiskuit:
40 g Mehl
30 g Speisestärke
1 Msp. Backpulver
1 1/2 EL Kakaopulver
3 Eier
80 g Zucker
Salz
1 Msp. Vanillemark

Für den Baiserdeckel:
50 g weiche Butter
50 g Puderzucker
2 Eier
70 g Mehl
1 Msp. Backpulver
Salz
1 Msp. Vanillemark
1 Msp. abgeriebene unbehandelte Zitronenschale
100 g Zucker
1 TL Kakaopulver
50 g Pinienkerne

Für die Birnenfüllung:
600 g Birnen (z. B. Williams Christ oder Bürgermeister-Birnen)
100 g Zucker
380 ml Birnensaft
Saft von 1 Zitrone
20 Zimtblüten (in Spezialitätengeschäften oder im Internet zu kaufen)
1 Päckchen Vanillepuddingpulver

Außerdem:
Butter und Mehl für die Formen
400 g Sahne
1 1/2 Päckchen Sahnesteif
1 EL Vanillezucker

Waldbeeren-Sahne-Torte mit Beerengrütze

Zutaten für 16 Stücke

Für den Rührteig:
150 g weiche Butter
150 g Puderzucker
1 Msp. abgeriebene unbehandelte Zitronenschale
1 Msp. Vanillemark
Salz
3 Eier
150 g Mehl
1/2 Päckchen Backpulver

Für die Beerengrütze:
200 g gemischte Waldbeeren (tiefgekühlt)
100 ml Johannisbeersaft
70 g Zucker
2 EL Zitronensaft
1/2 TL abgeriebene unbehandelte Zitronenschale
1 Msp. Vanillemark
3 EL Speisestärke

Für die Beerensahne:
8 Blatt Gelatine
100 g Erdbeeren
300 g gemischte frische Waldbeeren
100 g Zucker
2 EL Zitronensaft
500 g Sahne

Für den Beerenspiegel:
1 Blatt Gelatine
1 Msp. Pektin
1 EL Zucker
1 TL Zitronensaft

Außerdem:
Butter für die Form
Öl und Zucker für den Tortenring
frische Beeren zum Garnieren

1 Am Vortag für den Rührteig den Backofen auf 180 °C vorheizen. Die Butter und den Puderzucker leicht schaumig rühren. Die Zitronenschale, das Vanillemark und 1 Prise Salz untermischen. Die Eier nach und nach unterrühren. Das Mehl mit dem Backpulver sieben und kurz unterheben (siehe S. 97).

2 Den Teig in eine gefettete Springform (26 cm Durchmesser) füllen und glatt streichen. Im Ofen auf der mittleren Schiene 20 bis 25 Minuten backen. Herausnehmen und abkühlen lassen.

3 Für die Grütze die aufgetauten Beeren mit der Hälfte des Johannisbeersafts, dem Zucker, dem Zitronensaft, der Zitronenschale und dem Vanillemark etwa 5 Minuten kochen. Die Speisestärke mit dem restlichen Saft glatt rühren und die Beeren damit binden.

4 Den Tortenboden auf eine Platte legen. Den Springformrand (oder einen Tortenring) leicht einölen, mit Zucker bestreuen und um den Boden stellen. Die warme Beerengrütze gleichmäßig darauf verteilen und kühl stellen.

5 Für die Beerensahne die Gelatine nach Packungsanweisung in kaltem Wasser einweichen. Die Erdbeeren und die Waldbeeren waschen und putzen. In einen hohen Rührbecher geben, mit dem Stabmixer pürieren und durch ein Sieb passieren. 80 g Püree für den Waldfruchtspiegel abnehmen und beiseitestellen. Das restliche Püree, den Zucker und den Zitronensaft verrühren. Die Gelatine ausdrücken und tropfnass in einem Topf unter Rühren auflösen. 3 EL Püree dazugeben und unterrühren. Die Mischung unter das restliche Beerenpüree rühren und dieses kühl stellen.

6 Die Sahne steif schlagen. Sobald das Püree zu gelieren beginnt, die Sahne unterheben. Die Waldbeerensahne auf die Grütze geben und glatt streichen. Über Nacht kühl stellen.

7 Am nächsten Tag für den Beerenspiegel die Gelatine nach Packungsanweisung in kaltem Wasser einweichen. Das Pektin mit dem Zucker mischen. Das beiseitegestellte Beerenpüree mit dem Zuckergemisch verrühren und aufkochen. Die Gelatine ausdrücken und unterrühren. Den Zitronensaft hinzufügen und abkühlen lassen.

8 Den Waldfruchtspiegel auf die Torte streichen. Die Torte in 16 Stücke teilen und jedes Stück mit einigen Beeren garnieren.

Stachelbeer-Ricottasahne-Torte

Zutaten für 16 Stücke

Für den Biskuit:
60 g Mehl
50 g Speisestärke
1/2 TL Backpulver
4 Eiweiß
Salz
120 g Zucker
3 Eigelb
1 Msp. abgeriebene unbehandelte Zitronenschale
1 Msp. Vanillemark
20 g heiße Butter

Für die Stachelbeerfüllung:
700 g Stachelbeeren
100 ml Prosecco
2 EL Zitronensaft
90 g Zucker
50 g Speisestärke

Für die Ricottasahne:
8 Blatt Gelatine
70 ml Milch
60 g Zucker
1 Eigelb
250 g Ricotta
100 g Speisequark (20 % Fett)
Salz
1 Msp. Vanillemark
1 Msp. abgeriebene unbehandelte Zitronenschale
1 EL Zitronensaft
400 g Sahne

1 Am Vortag für den Biskuit den Backofen auf 180 °C vorheizen. Das Mehl mit der Speisestärke und dem Backpulver in eine Schüssel sieben. Die Eiweiße mit 1 Prise Salz und dem Zucker zu einem steifen Schnee schlagen. Die Eigelbe, die Zitronenschale und das Vanillemark unterrühren. Die Mehlmischung unterheben und zuletzt die Butter unterrühren (siehe S. 96).

2 Den Boden einer Springform (26 cm Durchmesser) mit Butter einfetten und mit Mehl ausstäuben. Den Teig hineinfüllen, glatt streichen und im Ofen auf der mittleren Schiene 15 bis 20 Minuten backen. Herausnehmen und abkühlen lassen.

3 Für die Stachelbeerfüllung die Stachelbeeren putzen und waschen. 50 ml Prosecco mit dem Zitronensaft und dem Zucker in einem kleinen Topf erhitzen. Die Stachelbeeren dazugeben und kurz mitkochen. Die Speisestärke mit dem restlichen Prosecco glatt rühren und die Beeren damit binden. Die Füllung abkühlen lassen.

4 Den fertig gebackenen Biskuitboden im Verhältnis 2:1 einmal quer durchschneiden. Einen Tortenring mit Öl einfetten, mit Zucker bestreuen und auf eine Tortenplatte stellen. Den dickeren Tortenboden hineinlegen und die Stachelbeerfüllung kuppelförmig daraufstreichen. Den dünneren Boden darauflegen, etwas andrücken und mit dem Prosecco tränken.

5 Für die Ricottasahne die Gelatine nach Packungsanweisung in kaltem Wasser einweichen. Die Milch mit dem Zucker in einem Topf aufkochen. Das Eigelb glatt rühren. Die heiße Milch unter ständigem Rühren ins Eigelb rühren. Die Gelatine ausdrücken, in die heiße Eigelbmilch geben und unter Rühren auflösen.

6 Den Ricotta, den Quark, 1 Prise Salz, das Vanillemark, die Zitronenschale und den Zitronensaft unter die Eigelbmilch rühren und diese kühl stellen.

7 Die Sahne steif schlagen und unter die Ricottamasse heben, sobald diese zu gelieren beginnt. Die Ricottasahne in den Tortenring einfüllen, glatt streichen und die Torte am besten über Nacht kühl stellen.

8 Für das Stachelbeergelee die Stachelbeeren putzen und waschen, im Mixer zerkleinern und durch ein feines Sieb passieren. Das Beerenpüree mit dem Zucker, dem Tortenguss, 3 EL Wasser und dem Zitronensaft mischen und aufkochen. Mit Frischhaltefolie zugedeckt abkühlen lassen.

9 Am nächsten Tag die Torte mit dem Stachelbeergelee bestreichen und 16 Stücke markieren. Die Stachelbeeren waschen, trocken tupfen und halbieren. Die Sahne mit dem Sahnesteif steif schlagen und in einen Spritzbeutel mit Sterntülle füllen. Auf jedes Tortenstück 1 Rosette spritzen und mit je 1/2 Stachelbeere mit der Schnittfläche nach oben garnieren.

Für das Stachelbeergelee:
150 g Stachelbeeren
2 EL Zucker
1 TL klarer Tortenguss
1 TL Zitronensaft

Außerdem:
Butter, Mehl und Zucker für die Formen
Öl und Zucker für den Tortenring
4–5 EL Prosecco zum Tränken
8 Stachelbeeren zum Verzieren
250 g Sahne
1 Päckchen Sahnesteif

Angelika Schwalber empfiehlt

Ricottasahne-Torte schmeckt in vielen Variationen: Das Gelee muss nicht unbedingt aus Stachelbeeren bestehen, es kann ebenso aus Kirschen oder Pfirsichen hergestellt werden. Eine besonders raffinierte Note bekommt Kirschgelee, wenn noch 1 Zweig Rosmarin mit den Früchten gekocht wird. Zu Pfirsichen passen gut 1 bis 2 Zweige Thymian. Die Kräuter dann nach dem Kochen wieder entfernen.

Herztorte mit gezuckerten Rosen

Zutaten für ca. 12 Stücke

Für den Biskuit:
25 g Zartbitterkuvertüre
100 g Mehl
25 g Speisestärke
1 1/2 TL Backpulver
10 Eigelb
300 g Marzipanrohmasse
2 Msp. Vanillemark
5 Eiweiß
125 g Zucker
Salz

Zum Tränken:
75 g Zucker
50 ml Amaretto (ital. Mandellikör)

Für die Füllung:
2 Eier
25 g Puddingpulver
200 ml Milch
200 g Sahne
70 g Zucker
50 g Butter

Für den Überzug:
3 Blatt Gelatine
400 g weiße Kuvertüre
200 g Sahne
150 g Akazienhonig

Für die Buttercreme:
100 g weiche Butter

Außerdem:
Butter für die Form
1 runde Marzipandecke (fertig ausgerollt)
fein gehackte Pistazien
1 Eiweiß
1–2 unbehandelte Rosen (mit einigen grünen Blättern)
Zucker

1 Am Vortag für den Biskuit den Backofen auf 180 °C vorheizen. Die Kuvertüre hacken. Das Mehl mit der Speisestärke und dem Backpulver in eine Schüssel sieben und die Kuvertüre untermischen. Die Eigelbe, das Marzipan und das Vanillemark schaumig rühren. Die Eiweiße mit dem Zucker und 1 Prise Salz zu einem cremigen Schnee schlagen. Den Eischnee unter die Eigelbmasse heben und zuletzt die Mehlmischung unterheben. Eine beschichtete Herz-Springform (26 cm Durchmesser) einfetten. Den Teig hineinfüllen, glatt streichen und im Ofen auf der mittleren Schiene 40 bis 45 Minuten backen. Herausnehmen, kurz abkühlen lassen und auf ein Gitter stürzen. Auskühlen lassen.

2 Zum Tränken den Zucker mit 75 ml Wasser aufkochen, abkühlen lassen und den Amaretto untermischen. Den Biskuit quer zweimal durchschneiden. Den Springformrand (oder einen Tortenring) um den unteren Boden legen. Etwas Amarettosirup daraufträufeln.

3 Für die Füllung die Eier trennen. Das Puddingpulver mit etwa 3 EL Milch und den Eigelben anrühren. Die restliche Milch mit der Sahne, 50 g Zucker und der Butter aufkochen. Mit dem Puddingpulver binden. 140 g Pudding für die Buttercreme abnehmen und mit Frischhaltefolie zugedeckt bis zum nächsten Tag beiseitestellen. Die Eiweiße mit dem restlichen Zucker cremig schlagen und unter den heißen Pudding heben. Die Hälfte der Füllung auf dem Boden verstreichen. Den zweiten Boden darauflegen, etwas andrücken und ebenfalls tränken. Die restliche Füllung darauf verstreichen, mit dem dritten Boden bedecken, etwas andrücken und tränken. Über Nacht kühl stellen.

4 Am nächsten Tag für den Überzug die Gelatine nach Packungsanweisung in kaltem Wasser einweichen. Die Kuvertüre hacken. Die Sahne und den Honig aufkochen. Die Kuvertüre dazugeben, unter Rühren auflösen und 1 EL Wasser dazugeben. Die Gelatine ausdrücken und unter Rühren in der heißen Sahnemischung auflösen.

5 Für die Buttercreme den beiseitegestellten Vanillepudding mit der Butter cremig rühren. Die Torte aus der Form lösen und rundum mit Buttercreme bestreichen. Die Marzpiandecke auf das Herz legen und die Torte vorsichtig stürzen. Mit einem spitzen Messer am Tortenrand entlangschneiden, sodass die Marzipandecke ebenfalls herzförmig wird. Die Torte wieder wenden. Den leicht erwärmten Schokoladenüberzug darübergeben und das Herz damit von allen Seiten überziehen. Den unteren Rand mit gehackten Pistazien verzieren.

6 Das Eiweiß mit etwas Wasser verquirlen und in eine kleine Sprühflasche füllen. Die Rosen und Blätter damit besprühen und mit Zucker bestreuen. Kurz trocknen lassen und die Torte damit verzieren.

Schwarzwälder Kirschtorte

Zutaten für 16 Stücke

Für die Schokosahne:
250 g Sahne
1 EL Zucker
50 g Zartbitterkuvertüre
3 Blatt Gelatine
80 g geschlagene Sahne

Für den Schokoladenbiskuit:
60 g Mehl
50 g Speisestärke
1/2 TL Backpulver
1 EL Kakaopulver
4 Eier
120 g Zucker
Salz
1 Msp. Vanillemark
1 Msp. abgeriebene unbehandelte Zitronenschale
1 TL heiße Butter

Für die Kirschfüllung:
600 g Sauerkirschen (tiefgekühlt)
100 g Zucker
200 ml Sauerkirschsaft
40 g Speisestärke
2 EL Zitronensaft

Zum Tränken:
50 g Zucker
4 EL Kirschwasser

Für die Kirschwassersahne:
400 g Sahne
1 1/2 Päckchen Sahnesteif
3 EL Zucker
2 EL Kirschwasser

Außerdem:
Butter und Mehl für die Form
2–3 EL Schokospäne
16 frische Kirschen

1 Am Vortag für die Schokosahne die flüssige Sahne und den Zucker aufkochen. Die Kuvertüre hacken und in der Sahne schmelzen. Über Nacht zugedeckt im Kühlschrank durchziehen lassen.

2 Am nächsten Tag für den Schokoladenbiskuit den Backofen auf 180 °C vorheizen. Das Mehl mit Speisestärke, Backpulver und Kakaopulver in eine Schüssel sieben. Die Eier trennen. Die Eiweiße mit dem Zucker und 1 Prise Salz zu einem cremigen Schnee schlagen. Die Eigelbe, das Vanillemark und die Zitronenschale unterrühren. Die Mehlmischung unterheben und zuletzt die Butter unterrühren (siehe S. 96).

3 Eine Springform (26 cm Durchmesser) mit Butter einfetten und mit Mehl ausstäuben. Den Teig hineinfüllen und glatt streichen. Im Ofen auf der mittleren Schiene 15 bis 20 Minuten backen. Herausnehmen und abkühlen lassen.

4 Für die Kirschfüllung die Sauerkirschen auftauen lassen. Die Kirschen mit dem Zucker und 150 ml Sauerkirschsaft aufkochen. Die Speisestärke mit dem restlichen Saft glatt rühren und die Kirschen damit binden. Den Zitronensaft dazugeben und abkühlen lassen.

5 Zum Tränken den Zucker mit 5 EL Wasser aufkochen. Abkühlen lassen und das Kirschwasser unterrühren. Den Biskuitboden im Verhältnis 2 : 1 einmal quer durchschneiden. Die Schokosahne mit den Quirlen des Handrührgeräts aufschlagen. Die Gelatine nach Packungsanweisung einweichen, auflösen und unter die geschlagene Sahne rühren, dann unter die Schokosahne heben.

6 Die Schokosahne in einen Spritzbeutel mit großer Lochtülle füllen. Auf den unteren dicken Boden in die Mitte einen Tupfen spritzen. Dann am Rand entlang einen Kreis spritzen und einen weiteren zwischen Mitte und Rand. Die Kirschen in die Zwischenräume geben. Den dünneren Boden daraufegen, mit dem Kirschwassersirup tränken und mit den Händen zu einer Kuppel formen. Die Kuppel mit der Schokosahne, die durch das Formen an der Seite herausgedrückt wird, bestreichen. Die Torte 4 Stunden kühl stellen.

7 Für die Kirschwassersahne die Sahne mit dem Sahnesteif und dem Zucker steif schlagen. Das Kirschwasser untermischen. Die Torte mit zwei Drittel der Sahne rundum bestreichen. Die restliche Sahne in einen Spritzbeutel mit Sterntülle füllen. 16 Tortenstücke markieren und auf jedes Stück 1 Sahnerosette spritzen. Die Schwarzwälder Kirschtorte am Rand und in der Mitte mit Schokospänen bestreuen. Die Rosetten mit je 1 Kirsche garnieren.

Mousse-au-Chocolat-Torte mit Himbeeren

1 Am Vortag für den Schokoladenbiskuit den Backofen auf 180 °C vorheizen. Das Mehl mit der Speisestärke, dem Backpulver und dem Kakaopulver in eine Schüssel sieben.

2 Die Eier trennen. Die Eiweiße mit dem Zucker und 1 Prise Salz zu einem cremigen Schnee schlagen. Die Eigelbe, das Vanillemark und die Zitronenschale unterrühren. Die Mehlmischung unterheben, zuletzt das Öl und 3 EL heißes Wasser unterrühren.

3 Den Biskuit in eine gefettete und mit Mehl ausgestäubte Springform (26 cm Durchmesser) füllen und glatt streichen. Im Ofen auf der mittleren Schiene 20 bis 30 Minuten backen. Herausnehmen und etwas abkühlen lassen.

4 Für die Füllung die Kuvertüre hacken und in einer Metallschüssel im warmen Wasserbad schmelzen. Die Eier trennen und die Eigelbe mit 50 g Zucker schaumig rühren. Den Läuterzucker mit 75 g Sahne aufkochen und unter ständigem Rühren unter die Eigelbmasse geben. Die Eiweiße und den restlichen Zucker zu einem cremigen Eischnee schlagen. Die restliche Sahne steif schlagen. Die Kuvertüre unter die Eigelbmasse rühren, dann den Eischnee und die steif geschlagene Sahne unterheben.

5 Den Biskuitboden im Verhältnis 2:1 einmal quer durchschneiden. Den dickeren Boden auf eine Tortenplatte legen und mit einem geölten, gezuckerten Tortenring umstellen. Die Hälfte der Mousse daraufgeben und glatt streichen. Die Himbeeren darauf verteilen und leicht in die Mousse drücken.

6 Vom dünneren Boden einen 1 cm breiten Rand abschneiden. Den Boden auf die Mousse legen und etwas andrücken. Etwa die Hälfte der restlichen Mousse daraufgeben und glatt streichen. Über Nacht kühl stellen.

7 Am nächsten Tag 16 Stücke auf der Torte markieren. Die restliche Mousse etwas glatt rühren, in einen Spritzbeutel mit Lochtülle füllen und auf jedes Tortenstück eine Acht spritzen. Die Torte mit Kakaopulver bestäuben. Die Achten mit der Schokosauce füllen und mit Himbeeren und Schokofedern dekorieren. Den Tortenring vorsichtig abziehen und den Tortenrand mit Schokoblättchen garnieren.

Zutaten für 16 Stücke

Für den Schokoladenbiskuit:
50 g Mehl
40 g Speisestärke
1 Msp. Backpulver
2 EL Kakaopulver
4 Eier
120 g Zucker
Salz
1 Msp. Vanillemark
1 Msp. abgeriebene unbehandelte Zitronenschale
2 EL Öl

Für die Füllung:
500 g Zartbitterkuvertüre
5 Eier
100 g Zucker
75 g Läuterzucker (aus 50 g Zucker und 25 ml Wasser gekocht)
575 g Sahne
200 g Himbeeren

Für die Verzierung:
3 EL Kakaopulver zum Bestäuben
5–6 EL Schokosauce (Fertigprodukt)
16 Himbeeren
16 weiße Schokoladenfedern (aus der Backwarenabteilung)
28 weiße Schokoladenblättchen (aus der Backwarenabteilung)

Außerdem:
Butter und Mehl für die Form
Öl und Zucker für den Tortenring
Schokoladenblättchen

Tartes

Tartes & Desserts

Apfel-Panna-cotta-Tarte mit Weissweinglasur

Zutaten für 12 Stücke

Für den Boden:
1 Platte Blätterteig (aus dem Kühlregal; auf Backpapier ausgerollt, 42 x 25 cm)
1–2 Äpfel (z. B. Elstar; ca. 400 g)
1 EL Aprikosenkonfitüre
1 EL gemahlene Mandeln
1 EL Zimtzucker

Für die Panna-cotta-Sahne:
3 Blatt Gelatine
400 g Sahne
1/2 Vanilleschote
2 Eigelb
40 g Zucker

Außerdem:
2 Äpfel (z. B. Elstar; ca. 400 g)
1/2 Päckchen klarer Tortenguss
1/8 l Weißwein (ersatzweise Apfelsaft)
2 EL gehackte Pistazien

1 Den Backofen auf 200 °C vorheizen. Für den Boden die Blätterteigplatte rund ausstechen (25 cm Durchmesser) und auf ein mit Backpapier belegtes Backblech legen. Aus dem restlichen Teig Kreise mit 4 cm Durchmesser ausstechen und halbieren. Den Teigrand (in einer Breite von 2 cm) dünn mit Wasser bestreichen und die Halbkreise rundum auf dem Rand Kante an Kante nebeneinanderlegen. Leicht andrücken und das Ganze noch einmal wiederholen. Den Blätterteigboden mit einer Gabel mehrmals einstechen.

2 Die Äpfel vierteln, schälen und das Kerngehäuse entfernen. Die Äpfel in etwa 3 mm dicke Spalten schneiden. Die glatt gerührte Aprikosenkonfitüre auf dem inneren Teigkreis verstreichen und mit den Mandeln bestreuen. Die Apfelspalten fächerförmig darauf verteilen und mit dem Zimtzucker bestreuen. Die Tarte im Ofen auf der mittleren Schiene 20 bis 25 Minuten backen.

3 Für die Panna-cotta-Sahne die Gelatine nach Packungsanweisung in kaltem Wasser einweichen. 200 g Sahne mit der Vanilleschote aufkochen. Die Eigelbe mit dem Zucker schaumig schlagen. Die Vanilleschote aus der Sahne entfernen und die heiße Vanillesahne unter die Eigelbmasse rühren. Die Gelatine gut ausdrücken und in der warmen Vanillesahne unter Rühren auflösen. Kühl stellen.

4 Die restliche Sahne steif schlagen. Sobald die Vanillesahne zu gelieren beginnt, die geschlagene Sahne unterheben. Die Panna-cottamasse kuppelförmig auf die Äpfel streichen und die Tarte etwa 1 Stunde kühl stellen.

5 Inzwischen den Backofen auf 200 °C vorheizen. Die Äpfel vierteln, schälen und das Kerngehäuse entfernen. Die Äpfel im Ofen auf der mittleren Schiene 4 bis 5 Minuten bissfest dünsten. Herausnehmen, abkühlen lassen und mit einem Hobel in sehr feine Spalten hobeln. Die Apfelspalten fächerförmig auf die Panna-cotta-Creme legen. Den Tortenguss nach Packungsanweisung mit dem Wein zubereiten und auf der Tarte verteilen. Den Rand mit den fein gehackten Pistazien verzieren.

Angelika Schwalber empfiehlt

Aus der Panna-cotta-Creme und den Äpfeln lässt sich auch leicht ein luftiges Dessert herstellen: Einfach aus Äpfeln, Zimtzucker und Wasser ein Kompott kochen, die Panna cotta in kleine Gläser füllen und etwas Kompott darübergeben.

Aprikosen-Sauerrahm-Tarte mit Marzipangitter

Zutaten für 14 Stücke

Für den Mürbeteig:
420 g Mehl
150 g Puderzucker
1 Msp. abgeriebene unbehandelte Zitronenschale
1 Msp. Vanillemark
Salz · 2 Eigelb
300 g weiche Butter

Für den Guss:
600 g saure Sahne
120 g Zucker
2 Eigelb
60 g Vanillepuddingpulver
Salz · 1 Msp. Vanillemark
1 Msp. abgeriebene unbehandelte Zitronenschale

Für das Marzipangitter:
300 g Marzipanrohmasse
2–3 Eiweiß
100 g Puderzucker

Außerdem:
Mehl für die Arbeitsfläche
Butter für die Form
50 g Semmelbrösel
500 g Aprikosen
1 EL Zimtzucker
5 EL Aprikosenkonfitüre
100 g geröstete Mandelblättchen

1 Für den Mürbeteig das Mehl auf die Arbeitsfläche sieben und in die Mitte eine Mulde drücken. Puderzucker mit Zitronenschale, Vanillemark, 1 Prise Salz und den Eigelben in die Vertiefung geben. Die Butter in Stücken am Rand verteilen. Alles mit den Händen rasch zu einem glatten Teig verkneten, zu einem Rechteck formen, in Frischhaltefolie wickeln und 2 bis 3 Stunden kühl stellen (siehe S. 94).

2 Für den Guss die saure Sahne, den Zucker, die Eigelbe, das Vanillepuddingpulver, 1 Prise Salz, das Vanillemark und die Zitronenschale glatt rühren.

3 Für das Gitter das Marzipan, die Eiweiße und den Puderzucker in eine Schüssel geben und mit den Quirlen des Handrührgeräts verrühren, bis die Masse geschmeidig und spritzfähig ist. Sollte sie noch zu fest sein, vorsichtig etwas Wasser hinzufügen und unterrühren. In einen Spritzbeutel mit Sterntülle füllen.

4 Den Mürbeteig nochmals durchkneten und auf der bemehlten Arbeitsfläche zu einem 4 mm dicken Kreis (32 cm Durchmesser) ausrollen. Eine gefettete Tarteform (28 cm Durchmesser) damit auslegen und einen Rand hochdrücken.

5 Den Backofen auf 180 °C vorheizen. Die Semmelbrösel auf den Mürbeteig in der Tarteform streuen. Die Aprikosen waschen, trocken tupfen, halbieren und entsteinen. Mit der Schnittfläche nach oben auf den Semmelbröseln verteilen, mit dem Zimtzucker bestreuen und im Ofen auf der mittleren Schiene 10 bis 15 Minuten vorbacken.

6 Die Aprikosenkonfitüre in einem kleinen Topf erwärmen. Den Saure-Sahne-Guss über den Früchten verteilen. Aus dem Marzipanguss ein Gitter daraufspritzen und die Tarte im Ofen weitere 45 bis 50 Minuten backen. Falls nötig, mit Backpapier bedecken. Herausnehmen, abkühlen lassen und aus der Form lösen. Die Tarteoberfläche und den Rand mit heißer, glatt gerührter Aprikosenkonfitüre bestreichen und den Rand mit den gerösteten Mandelblättchen verzieren.

Angelika Schwalber empfiehlt

Das Marzipangitter verleiht der Tarte ein sehr edles Aussehen. Wer sich etwas Arbeit sparen möchte, kann aber auch auf das Gitter verzichten und die Tarte nach dem Backen und dem Bestreichen mit Konfitüre einfach mit etwa 100 g gerösteten, gehobelten Mandeln bestreuen. Als Ersatz für die Aprikosen bieten sich auch Birnen oder Zwetschgen an.

JOHANNISBEER-QUARK-TARTE MIT APFELGLASUR

1 Für den Mürbeteig das Mehl auf die Arbeitsfläche sieben und in die Mitte eine Mulde drücken. Den Puderzucker mit der Zitronenschale, dem Vanillemark, 1 Prise Salz und dem Eigelb in die Vertiefung geben. Die Butter in Stücken am Rand verteilen. Alles mit den Händen rasch zu einem glatten Teig verkneten, zu einem Rechteck formen, in Frischhaltefolie wickeln und 1 Stunde kühl stellen (siehe S. 94).

2 Für die Quarkfüllung zwei Drittel der Milch, 6 EL Zucker, das Vanillemark und 1 Prise Salz aufkochen. Die restliche Milch mit dem Vanillepuddingpulver verrühren und nach Packungsanweisung einen Pudding daraus kochen. Den Quark, den restlichen Zucker und die Zitronenschale in den heißen Pudding geben und glatt rühren.

3 Den Backofen auf 180 °C vorheizen. Eine Tarteform (28 cm Durchmesser) mit Butter einfetten und mit Mehl ausstäuben. Den Mürbeteig nochmals durchkneten und auf der bemehlten Arbeitsfläche rund ausrollen. Die Tarteform mit dem Mürbeteig auslegen und einen Rand hochdrücken.

4 Die Johannisbeeren waschen, gut abtropfen lassen und mit einer Gabel von den Rispen streifen.

5 Den Mürbeteigboden mit der glatt gerührten Aprikosenkonfitüre bestreichen. Die Toastscheiben halbieren und die Form damit auslegen. Die heiße Quarkfüllung daraufgeben, glatt streichen und mit den Johannisbeeren belegen. Die Tarte im Ofen auf der mittleren Schiene 50 bis 60 Minuten backen. Herausnehmen und abkühlen lassen.

6 Die Tarte aus der Form lösen und mit Zucker bestreuen. Den Tortenguss nach Packungsanweisung mit dem Apfelsaft zubereiten und über der Tarte verteilen. Den Guss fest werden lassen und den Tortenrand mit Mandelblättchen verzieren.

Zutaten für 14 Stücke

Für den Mürbeteig:
300 g Mehl
100 g Puderzucker
1 Msp. abgeriebene unbehandelte Zitronenschale
1 Msp. Vanillemark
Salz
1 Eigelb
200 g weiche gesalzene Butter

Für die Quarkfüllung:
1/2 l Milch
200 g Zucker
1 Msp. Vanillemark
Salz
1 1/2 Päckchen Vanillepuddingpulver
400 g Speisequark (20 % Fett)
1 Msp. abgeriebene unbehandelte Zitronenschale

Außerdem:
Butter und Mehl für die Form
Mehl für die Arbeitsfläche
500 g Johannisbeeren
2–3 EL Aprikosenkonfitüre
3–4 Scheiben Toastbrot
Zucker zum Bestreuen
1/2 Päckchen klarer Tortenguss
1/8 l Apfelsaft
50 g Mandelblättchen

Angelika Schwalber empfiehlt

Das Toastbrot nimmt die Feuchtigkeit der Quarkfüllung auf und verhindert so, dass der Mürbeteig durchweicht. Zudem ergibt es dadurch noch eine saftige Teigschicht. Mit 2 bis 3 kleinen Dosen Mandarinen anstelle der Johannisbeeren können Sie sich diese Tarte auch außerhalb der Beerensaison schmecken lassen.

Herztarte mit Erdbeeren

Zutaten für 12 Stücke

Für den Mürbeteig:
210 g Mehl
75 g Puderzucker
1 Msp. abgeriebene unbehandelte Zitronenschale
1 Msp. Vanillemark
Salz
1 Eigelb
150 g weiche Butter

Für die Makronenmasse:
200 g Marzipanrohmasse
30 g Puderzucker
20 g weiche Butter
1 Eiweiß

Für den Vanillepudding:
200 ml Milch
25 g Zucker
2 EL Vanillepuddingpulver
1 Msp. Vanillemark

Außerdem:
Mehl für die Arbeitsfläche
500 g Erdbeeren
50 g Kuchen- oder Semmelbrösel
1 Päckchen klarer Tortenguss
1/4 l Apfelsaft

1 Für den Mürbeteig das Mehl auf die Arbeitsfläche sieben und in die Mitte eine Mulde drücken. Den Puderzucker mit der Zitronenschale, dem Vanillemark, 1 Prise Salz und dem Eigelb in die Vertiefung geben. Die Butter in Stücken am Rand verteilen. Alles mit den Händen rasch zu einem glatten Teig verkneten, zu einem Rechteck formen, in Frischhaltefolie wickeln und 2 bis 3 Stunden kühl stellen (siehe S. 94).

2 Für die Makronenmasse Marzipan, Puderzucker, Butter und Eiweiß zu einer glatten, spritzfähigen Masse verrühren und in einen Spritzbeutel mit großer Sterntülle füllen.

3 Für den Vanillepudding aus der Milch, dem Zucker, dem Puddingpulver und dem Vanillemark nach Packungsanweisung einen Pudding kochen. Mit Frischhaltefolie zugedeckt abkühlen lassen.

4 Den Backofen auf 180 °C vorheizen. Ein Backblech mit Backpapier belegen. Den Mürbeteig nochmals kneten, auf der bemehlten Arbeitsfläche 5 mm dick ausrollen und mit einer entsprechenden Form ein Herz (etwa 26 cm Durchmesser) ausstechen. Das Herz auf das Backblech legen. Aus der Makronenmasse auf den Teigrand dicht an dicht Tatzen spritzen. Die Tarte im Ofen auf der mittleren Schiene 15 bis 20 Minuten goldbraun backen. Herausnehmen und abkühlen lassen.

5 Inzwischen die Erdbeeren waschen, putzen und je nach Größe halbieren oder vierteln. Den Vanillepudding auf dem ausgekühlten Mürbeteigboden verstreichen und die Brösel dünn daraufstreuen. Mit den Erdbeeren belegen, dabei eine Reihe Erdbeeren am Rand entlang dicht an dicht auf den Mürbeteig legen. Die übrigen Erdbeeren leicht kuppelförmig auf dem restlichen Teigboden verteilen. Den Tortenguss nach Packungsanweisung mit dem Apfelsaft zubereiten und über die Erdbeeren geben.

Angelika Schwalber empfiehlt

Mit gemischten Beeren statt der Erdbeeren kommt diese Tarte ebenfalls sehr hübsch daher. Marzipan ist allerdings nicht jedermanns Sache. Wer kein Marzipan mag, kann dafür die Makronenmasse der bunten Fruchtschnitte (siehe S. 140) in der dort angegebenen Menge verwenden.

Erdbeer-Estragon-Tarte mit Zitronenguss

Zutaten für 16 Stücke

Für den Mürbeteig:
300 g Mehl
100 g Puderzucker
1 Msp. abgeriebene unbehandelte Zitronenschale
1 Msp. Vanillemark · Salz
1 Eigelb
200 g weiche Butter

Für den Zitronenguss:
90 ml Milch
2 Eier · 1 Eigelb
60 g brauner Zucker
180 g Sahne
40 g pürierte Erdbeeren
Saft von 1 Zitrone
1 Msp. abgeriebene unbehandelte Zitronenschale
1 Msp. Vanillemark · Salz

Für die Estragonsahne:
20 g frische Estragonblätter
230 ml Milch · 70 g Zucker
Salz · 50 g Butter
1 Päckchen Vanillepuddingpulver
260 g saure Sahne
1 Msp. Vanillemark
1 Msp. abgeriebene unbehandelte Zitronenschale
2 Blatt Gelatine
200 g Sahne

Außerdem:
Öl und Mehl für die Form
Mehl für die Arbeitsfläche
2 EL Erdbeerkonfitüre
3–4 Scheiben Toastbrot
700 g Erdbeeren

1 Für den Mürbeteig das Mehl auf die Arbeitsfläche sieben und in die Mitte eine Mulde drücken. Den Puderzucker mit der Zitronenschale, dem Vanillemark, 1 Prise Salz und dem Eigelb in die Vertiefung geben. Die Butter in Stücken am Rand verteilen. Alles mit den Händen rasch zu einem glatten Teig verkneten, zu einem Rechteck formen, in Frischhaltefolie wickeln und 2 bis 3 Stunden kühl stellen (siehe S. 94).

2 Für den Zitronenguss alle Zutaten mit 1 Prise Salz in einen hohen Rührbecher geben und mit dem Stabmixer pürieren.

3 Für die Estragonsahne die Estragonblätter waschen, trocken schütteln und mit der Milch mixen. Durch ein feines Sieb abgießen. Aus der Milch, dem Zucker, 1 Prise Salz und der Butter mit dem Vanillepuddingpulver nach Packungsanweisung einen Pudding kochen. Die saure Sahne unter den heißen Pudding rühren. Das Vanillemark und die Zitronenschale dazugeben. Den Pudding mit Frischhaltefolie zugedeckt abkühlen lassen.

4 Den Backofen auf 180 °C vorheizen. Eine Tarteform (30 cm Durchmesser) einölen und mit Mehl ausstäuben. Den Mürbeteig nochmals durchkneten und auf der leicht bemehlten Arbeitsfläche rund (34 cm Durchmesser) ausrollen und in die Tarteform legen, dabei einen Rand hochdrücken. Den Boden mit der glatt gerührten Konfitüre bestreichen. Die halbierten Toastbrotscheiben hineinlegen. Den Zitronenguss darauf verteilen und die Tarte im Ofen auf der mittleren Schiene 20 bis 25 Minuten backen. Herausnehmen und abkühlen lassen.

5 Die Erdbeeren waschen und putzen. Etwa 600 g Erdbeeren in Scheiben schneiden, den Rest vierteln. Die ausgekühlte Tarte fächerartig mit den Erdbeerscheiben belegen.

6 Die Gelatine in kaltem Wasser einweichen. Die Gelatine gut ausdrücken und in einem kleinen Topf bei schwacher Hitze unter Rühren auflösen. 2 EL Pudding unterrühren und alles unter den restlichen kalten Pudding rühren. Die Sahne steif schlagen und unterheben.

7 Die Estragonsahne mithilfe eines Spritzbeutels mit großer Lochtülle in großen Tupfen nebeneinander auf die Erdbeeren spritzen und die Tarte etwa 2 Stunden kühl stellen. Vor dem Servieren mit den geviertelten Erdbeeren dekorieren.

Sauerkirsch-Baiser-Schnitten

1 Am Vortag für den Nussboden den Backofen auf 210 °C vorheizen. Die Eier trennen. Die Eigelbe, das Marzipan und 1 EL Zucker schaumig rühren. Die Eiweiße mit dem restlichen Zucker und 1 Prise Salz zu einem cremigen Schnee schlagen. Das Mehl, die Speisestärke, das Backpulver und den Zimt sieben. Die Haselnüsse untermischen. Den Eischnee unter die Eigelbmasse rühren. Zuerst die Mehlmischung und dann 3 EL heißes Wasser und das Öl unterheben.

2 Den Teig auf einem mit Backpapier belegten Backblech gleichmäßig verteilen und glatt streichen. Im Ofen auf der mittleren Schiene 8 bis 10 Minuten backen. Herausnehmen, vom Blech ziehen und abkühlen lassen.

3 Für die Kirschfüllung die frischen Sauerkirschen waschen und entsteinen (gefrorene Kirschen auftauen lassen). Johannisbeersaft (3 EL abnehmen und beiseitestellen), Zucker, Vanilleschote, Zimt sowie Zitronensaft und -schale kurz aufkochen. Das Puddingpulver mit dem restlichen Johannisbeersaft glatt rühren und den Sud damit binden. Die Kirschen dazugeben, unterrühren und zugedeckt kühl stellen. Vor der Weiterverarbeitung die Vanilleschote, den Zimt und die Zitronenschale herausnehmen.

4 Den Nussboden in drei Streifen (je 10 cm breit) schneiden. Einen Streifen mit der glatt gerührten Aprikosenkonfitüre bestreichen. Den zweiten Streifen darauflegen und etwas andrücken. Die kalte Kirschfüllung kuppelförmig daraufgeben, dabei einen kleinen Rand freilassen. Mit dem dritten Teigstreifen abdecken und an den Rändern etwas andrücken. Über Nacht kühl stellen.

5 Am nächsten Tag den Backofen auf 240 °C vorheizen. Für das Baiser die Eiweiße mit dem Zucker zu steifem Schnee schlagen. Etwa die Hälfte des Eischnees in einen Spritzbeutel mit großer Sterntülle füllen. Die Oberfläche der Sauerkirschschnitte mit dem restlichen Eischnee bestreichen und dicht an dicht Tupfen daraufspritzen. Im Ofen auf der obersten Schiene etwa 5 Minuten leicht bräunen. Alles nochmals 1 Stunde kühl stellen. In 8 Stücke schneiden und jeweils mit 1 Kirsche verzieren.

Zutaten für 8 Stücke

Für den Nussboden:
4 Eier
20 g Marzipanrohmasse
50 g Zucker
Salz
50 g Mehl
30 g Speisestärke
1/2 TL Backpulver
1 Msp. Zimtpulver
30 g gemahlene Haselnüsse
2 EL Öl

Für die Kirschfüllung:
400 g Sauerkirschen (frisch oder tiefgekühlt)
140 ml Johannisbeersaft
60 g Zucker
1/4 Vanilleschote
1/4 Zimtstange
1–2 EL Zitronensaft
1 Streifen unbehandelte Zitronenschale
3/4 Päckchen Vanillepuddingpulver

Für das Baiser:
2 Eiweiß
170 g Zucker

Außerdem:
2–3 EL Aprikosenkonfitüre
8 frische Kirschen

Angelika Schwalber empfiehlt

Achten Sie bei der Herstellung des Baisers darauf, dass Sie die Eiweiße richtig gut steif schlagen, damit das Baiser später nicht verläuft.

Weinbergpfirsich-Tarte mit Marzipan

Zutaten für 16 Stücke

Für den Mürbeteig:
300 g Mehl
100 g gemahlene Mandeln
150 g feiner brauner Zucker
1 Msp. abgeriebene unbehandelte Zitronenschale
Meersalz
2 Eigelb
300 g Butter

Für den Guss:
120 g Marzipanrohmasse
6 Eiweiß
140 g Puderzucker
1 Msp. abgeriebene unbehandelte Orangenschale
1 Msp. Vanillemark
60 g Mehl
200 g heiße Sauerrahmbutter

Außerdem:
Butter und Mehl für die Form
Mehl für die Arbeitsfläche
ca. 900 g Weinbergpfirsiche
ca. 1 EL Puderzucker

1 Für den Mürbeteig das Mehl auf die Arbeitsfläche sieben und in die Mitte eine Mulde drücken. Die Mandeln mit Zucker, der Zitronenschale, 1 Prise Meersalz und den Eigelben in die Vertiefung geben. Die Butter in Stücken am Rand verteilen. Alles mit den Händen rasch zu einem glatten Teig verkneten, zu einem Rechteck formen, in Frischhaltefolie wickeln und 2 bis 3 Stunden kühl stellen (siehe S. 94).

2 Eine Tarteform (30 cm Durchmesser) mit Butter einfetten und mit Mehl ausstäuben. Den Teig nochmals durchkneten und auf der bemehlten Arbeitsfläche rund (34 cm Durchmesser) ausrollen. Die Tarteform damit auslegen, dabei einen Rand hochdrücken.

3 Den Backofen auf 180 °C vorheizen. Für den Guss das Marzipan mit den Eiweißen, dem Puderzucker, der Orangenschale und dem Vanillemark glatt rühren. Das Mehl unterrühren und zum Schluss die flüssige Butter nach und nach dazugeben. Die Pfirsiche waschen und achteln, dabei jeweils den Stein entfernen.

4 Den Guss auf den Mürbeteigboden verteilen und die Pfirsichachtel mit der Haut nach unten sternförmig in den Guss hineinstecken. Die Tarte im Ofen auf der mittleren Schiene 35 bis 40 Minuten backen. Herausnehmen, abkühlen lassen und mit Puderzucker bestäuben.

Angelika Schwalber empfiehlt

Für diese Marzipantarte eignet sich als fruchtiger Belag auch hervorragend eine Mischung aus 600 g Heidelbeeren und 100 g gehobelten Haselnüssen. Einfach anstelle der Weinbergpfirsiche auf dem Guss verteilen und die Tarte wie beschrieben backen.

Bratapfeltarte mit Honigkuchen

Zutaten für 14 Stücke

Für den Mürbeteig:
225 g Mehl
75 g Puderzucker
1 Msp. abgeriebene unbehandelte Zitronenschale
1 Msp. Vanillemark
Salz
1 Eigelb
150 g weiche Butter

Für die Bratäpfel:
800 g Äpfel (z. B. Boskop)
2 EL Zucker
1/2 TL Zimtpulver
2 EL Rosinen
2 EL gehackte Mandeln
1 EL Amaretto (ital. Mandellikör)
1 Stück Vanilleschote (ca. 2 cm)

Für die Nussmasse:
5 Eier
Salz
130 g Zucker
125 g weiche Butter
125 g Honigkuchen
90 g gemahlene Haselnüsse
1/2 TL Zimtpulver
1 Msp. Vanillemark

Außerdem:
Butter und Mehl für die Form
Mehl für die Arbeitsfläche
3 EL Kuchen- oder Semmelbrösel

1 Für den Mürbeteig das Mehl auf die Arbeitsfläche sieben und in die Mitte eine Mulde drücken. Puderzucker mit Zitronenschale, Vanillemark, 1 Prise Salz und dem Eigelb in die Vertiefung geben. Die Butter in Stücken am Rand verteilen. Alles mit den Händen rasch zu einem glatten Teig verkneten, zu einem Rechteck formen, in Frischhaltefolie wickeln und 2 bis 3 Stunden kühl stellen (siehe S. 94).

2 Für die Bratäpfel den Backofen auf 200 °C vorheizen. Die Äpfel vierteln, schälen und das Kerngehäuse entfernen. Die Apfelviertel nochmals halbieren. In einer Schüssel mit den restlichen Zutaten mischen. Auf einem Backblech verteilen und im Ofen auf der mittleren Schiene 8 bis 10 Minuten dünsten. Abkühlen lassen.

3 Für die Nussmasse die Eier trennen. Die Eiweiße mit 1 Prise Salz und 100 g Zucker zu einem cremigen Schnee schlagen. Die weiche Butter mit dem restlichen Zucker leicht schaumig rühren und nach und nach die Eigelbe dazugeben. Den Honigkuchen fein reiben und mit den Nüssen, dem Zimt und dem Vanillemark mischen. Ein Drittel des Eischnees unter die Butter-Eigelb-Masse rühren. Den restlichen Eischnee und die Nussmischung unterheben.

4 Den Backofen auf 180 °C herunterschalten. Eine Tarteform (28 cm Durchmesser) mit Butter einfetten und mit Mehl ausstäuben. Den Mürbeteig nochmals durchkneten und auf der bemehlten Arbeitsfläche rund (32 cm Durchmesser) ausrollen. Die Tarteform damit auslegen, dabei einen Rand hochdrücken. Die Kuchen- oder Semmelbrösel darauf verteilen. Die abgekühlten Apfelspalten (14 Stück für die Verzierung beiseitelegen) darauf verteilen. Die Nussmasse auf den Äpfeln verstreichen. 14 Stücke makieren und auf jedes Stück 1 Apfelspalte legen. Im Ofen auf der mittleren Schiene etwa 45 Minuten backen. Herausnehmen und vor dem Anschneiden etwas abkühlen lassen (Rezeptfoto siehe S. 126–127).

Angelika Schwalber empfiehlt

Sie können die Tarte auch in einer Kuchenform von 26 cm Durchmesser backen. Dann wird sie etwas höher und muss daher etwa 10 Minuten länger gebacken werden. Vor dem Servieren noch mit Puderzucker bestäuben.

Himbeer-Charlotten mit Proseccoguss

Zutaten für 10 Stück

Für den Biskuit:
100 g Speisestärke
100 g Mehl
5 Eier
250 g Zucker

Für die Füllung:
4 Blatt Gelatine
100 ml Prosecco
40 g Puderzucker
2 EL Zitronensaft
200 g Sahne

Außerdem:
500 g Himbeeren
1 Päckchen klarer Tortenguss
1/4 l Prosecco

1 Für den Biskuit die Speisestärke und das Mehl mischen und sieben. Die Eier trennen. Die Eiweiße mit 100 g Zucker zu einem cremigen Schnee schlagen. Die Eigelbe mit 50 g Zucker schaumig rühren. Den Eischnee unter die Eigelbmasse heben und dann das gesiebte Mehl-Speisestärke-Gemisch unterheben (siehe S. 99).

2 Den Backofen auf 200 °C vorheizen. Den restlichen Zucker auf eine flache Platte geben und flach streichen. Den Biskuitteig in einen Spritzbeutel mit mittelgroßer Lochtülle füllen. Auf zehn 5 x 26 cm große Backpapierstreifen (einzeln vorgeschnitten) quer etwa 1 cm breite und 4 cm lange Streifen dicht an dicht spritzen (kurze Löffelbiskuits). Die Oberfläche sofort in den restlichen Zucker tauchen und je zwei Streifen im Ofen auf der mittleren Schiene 12 bis 15 Minuten backen (siehe S. 99). Die restliche Biskuitmasse etwa 1/2 cm dick auf ein mit Backpapier belegtes Backblech streichen und ebenfalls 12 bis 15 Minuten backen. Nach dem Backen mit einem runden Ausstecher (6 cm Durchmesser) zehn Kreise ausstechen (siehe S. 99).

3 Die heißen Biskuitstreifen mit einem Messer von den Backpapierstreifen lösen und noch heiß an den Rand der runden Förmchen (8 cm Durchmesser) legen. Auskühlen lassen und jeweils 1 ausgestochenen Kreis einlegen.

4 Für die Füllung die Gelatine in kaltem Wasser einweichen. Den Prosecco (2 EL abnehmen) mit dem Puderzucker und dem Zitronensaft verrühren. Die 2 EL Prosecco in einem Topf erwärmen, die Gelatine ausdrücken und unter Rühren darin auflösen. Die aufgelöste Gelatine unter die restliche Masse rühren. Kühl stellen. Die Sahne steif schlagen. Sobald die Masse anfängt zu gelieren, die Sahne unterheben und in die ausgelegten Förmchen füllen.

5 Die Himbeeren waschen und trocken tupfen. Die Törtchen mit den Himbeeren belegen. Den Tortenguss nach Packungsanweisung mit dem Prosecco zubereiten, über den Früchten verteilen und fest werden lassen. Nach Belieben mit Puderzucker bestäuben und aus den Förmchen lösen.

Angelika Schwalber empfiehlt

Wer die Himbeer-Charlotten ohne Alkohol zubereiten möchte, ersetzt den Prosecco in der Füllung einfach durch 100 g Himbeer- oder Erdbeerpüree. Für den Tortenguss eignet sich als passende Alternative zum Prosecco Apfelsaft.

Bunte Fruchtschnitten mit Kokosmakronen

Zutaten für 16 Stücke

Für den Biskuit:
50 g Mehl
35 g Speisestärke
1/2 TL Backpulver
1 Msp. Vanillemark
1 Msp. abgeriebene unbehandelte Zitronenschale
3 Eier · 80 g Zucker
Salz · 2 EL Öl

Für den Blätterteig:
1 Platte Blätterteig (aus dem Kühlregal; auf Backpapier ausgerollt, 42 x 25 cm)

Für die Makronenmasse:
150 g Zucker · Salz
75 g Eiweiß (von 2 Eiern Größe L)
100 g Kokosraspel
1 Msp. Vanillemark · 20 g Mehl

Für den Vanillepudding:
200 ml Milch · 1 EL Zucker
2 EL Vanillepuddingpulver

Für den Belag:
500 g Obst (z. B. Kiwi, Himbeeren, Kirschen, Ananas, Wassermelone)
2 Päckchen klarer Tortenguss
1/2 l Apfelsaft

Außerdem:
4 EL Aprikosenkonfitüre zum Bestreichen

1 Den Backofen auf 210 °C vorheizen. Für den Biskuit das Mehl mit der Speisestärke und dem Backpulver sieben. Das Vanillemark und die Zitronenschale untermischen. Die Eier trennen. Die Eiweiße mit dem Zucker und 1 Prise Salz zu einem cremigen Schnee schlagen. Die Eigelbe unter den Eischnee rühren. Zuerst die Mehlmischung, dann das Öl und 3 EL heißes Wasser unterheben (siehe S. 96).

2 Die Biskuitmasse auf ein mit Backpapier belegtes Backblech (38 x 18 cm) streichen und im Ofen auf der mittleren Schiene 8 bis 10 Minuten backen. Herausnehmen und abkühlen lassen. Die Backofentemperatur auf 200 °C reduzieren.

3 Den Blätterteig längs halbieren, sodass zwei Streifen à 42 x 12,5 cm entstehen. Die Streifen auf ein Backpapier legen. Für die Makronenmasse den Zucker, 1 Prise Salz und die Eiweiße in einen Topf geben und leicht erwärmen. Die Kokosraspel und das Vanillemark dazugeben und kurz anrösten. Das Mehl unterrühren und die Masse etwas abkühlen lassen. In einen Spritzbeutel mit mittelgroßer Sterntülle füllen. Auf die Blätterteigstreifen oben und unten über die ganze Länge Tatzen spritzen. Die Streifen im Ofen auf der mittleren Schiene 12 bis 14 Minuten backen. Herausnehmen und auskühlen lassen.

4 Den Vanillepudding aus Milch, Zucker und Puddingpulver nach Packungsanweisung zubereiten und abkühlen lassen.

5 Den abgekühlten Biskuitboden in zwei Streifen à 6 x 38 cm und zwei Streifen à 3 x 38 cm schneiden. Die Blätterteig-Kokos-Streifen in der Mitte mit je 2 EL glatt gerührter Aprikosenkonfitüre bestreichen und je einen 6 cm breiten Biskuitboden auflegen. Die Biskuitböden mit glatt gerührtem Vanillepudding bestreichen und die 3 cm breiten Streifen mittig auflegen. Wieder mit Vanillepudding bestreichen.

6 Das Obst putzen und waschen bzw. schälen und, falls nötig, entsteinen oder entkernen. Je nach Sorte klein schneiden. Den Biskuit mit dem Obst so belegen, dass der Makronenrand frei bleibt. Den Tortenguss nach Packungsanweisung mit dem Apfelsaft zubereiten und über dem Obst verteilen. Die Streifen etwa 1 Stunde kühl stellen, dann jeden Streifen in 8 Stücke schneiden.

Tiramisu-Kuppeltorte mit Aprikosenbiskuit

Zutaten für 14 Stück

Für den Biskuit:
90 g Mehl
60 g Speisestärke
1 Msp. Backpulver
5 Eiweiß
Salz
150 g Zucker
5 Eigelb
1 Msp. Vanillemark
1 Msp. abgeriebene unbehandelte Zitronenschale
3 EL Öl
Zucker zum Bestreuen
5 EL Aprikosenkonfitüre

Zum Tränken:
150 ml Kaffee
2 EL Puderzucker
2 EL Amaretto (ital. Mandellikör)

Für die Füllung:
4 Eigelb
Salz
1 Msp. abgeriebene unbehandelte Zitronenschale
1 Msp. Vanillemark
100 g Puderzucker
200 g Mascarpone
2 EL Amaretto
8 Blatt Gelatine
500 g Sahne

Für die Verzierung:
100 g Aprikosenkonfitüre
1/2 Päckchen klarer Tortenguss
1/8 l Apfelsaft

Außerdem:
Öl für die Schüssel

1 Am Vortag für den Biskuit den Backofen auf 200 °C vorheizen. Das Mehl, die Speisestärke und das Backpulver sieben. Die Eiweiße mit 1 Prise Salz und dem Zucker zu einem cremigen Schnee schlagen. Die Eigelbe, das Vanillemark und die Zitronenschale unterrühren. Zuerst die Mehlmischung, dann das Öl und 4 EL lauwarmes Wasser unterheben (siehe S. 96).

2 Eine Springform (26 cm Durchmesser) mit Backpapier auslegen. Zwei Drittel der Biskuitmasse hineingeben und glatt streichen. Im Ofen auf der mittleren Schiene 10 bis 14 Minuten backen.

3 Die restliche Masse gleichmäßig auf ein mit Backpapier belegtes Backblech streichen. Den Biskuit in der Form herausnehmen und abkühlen lassen. Den restlichen Biskuit auf dem Backblech bei 210 °C auf der mittleren Schiene 6 bis 8 Minuten backen. Herausnehmen, den Biskuit mit Zucker bestreuen, auf ein Backpapier stürzen und abkühlen lassen. Das obere Backpapier entfernen, den Biskuit mit der Aprikosenkonfitüre bestreichen, vorsichtig aufrollen und kühl stellen.

4 Zum Tränken den heißen Kaffee mit dem Puderzucker verrühren. Abkühlen lassen und den Amaretto dazugeben.

5 Eine halbrunde Schüssel oder einen Ring (etwa 26 cm Durchmesser) leicht einölen und mit Frischhaltefolie auslegen. Die Biskuitrolle in 1/2 cm breite Scheiben schneiden und den Schüsselrand dicht damit auslegen.

6 Für die Füllung die Eigelbe mit 1 Prise Salz, Zitronenschale, Vanillemark und Puderzucker schaumig rühren. Den Mascarpone und den Amaretto unterrühren. Die Gelatine in kaltem Wasser einweichen, gut ausdrücken und in einem kleinen Topf bei schwacher Hitze auflösen. 2 EL Mascarponemasse unterrühren und dann unter die restliche Mascarponemasse rühren. Die Sahne steif schlagen und unter die Masse heben. Die Hälfte der Füllung in die Schüssel geben.

7 Den Biskuitboden im Verhältnis 2:1 einmal quer durchschneiden. Den dünneren Boden auf Größe der Schüssel zurechtschneiden, in die Form auf die Sahnefüllung legen, leicht andrücken und mit dem Amarettokaffee tränken. Restliche Füllung einfüllen und mit dem dickeren Boden abschließen. Die Torte über Nacht kühl stellen.

8 Die Aprikosenkonfitüre in einem kleinen Topf erhitzen. Die Torte vorsichtig auf eine Tortenplatte stürzen. Aus dem Tortenguss und dem Apfelsaft einen Guss zubereiten. Die Torte mit der heißen Aprikosenkonfitüre bestreichen und mit dem Tortenguss überziehen.

Limetten-Maracuja-Röllchen im Schokomantel

1 Am Vortag für den Biskuit den Backofen auf 210 °C vorheizen. Das Mehl mit der Speisestärke und dem Backpulver sieben und die gemahlenen Mandeln untermischen. Die Eier trennen und die Eiweiße mit dem Zucker und 1 Prise Salz zu einem cremigen Schnee schlagen. Die Eigelbe, den Zitronensaft, die Zitronenschale und das Vanillemark unter den Eischnee rühren. Die Mehlmischung unterheben und zuletzt die Butter unterrühren (siehe S. 96).

2 Den Biskuit auf ein mit Backpapier belegtes Backblech (40 x 35 cm) geben und glatt streichen. Im Ofen auf der mittleren Schiene 10 bis 12 Minuten backen. Herausnehmen, sofort mit Zucker bestreuen, auf ein Backpapier stürzen und abkühlen lassen. Das obere Backpapier entfernen.

3 Für die Limettencreme 100 g Zucker mit 100 g Butter, dem Limettensaft und dem Ei in einem Topf unter ständigem Rühren aufkochen. Mit Frischhaltefolie zugedeckt abkühlen lassen. Aus dem Maracujasaft, dem restlichen Zucker und dem Vanillepuddingpulver nach Packungsanweisung einen Pudding kochen und abkühlen lassen. Den ausgekühlten Limettenfond mit der restlichen Butter und dem Pudding schaumig rühren.

4 Die Biskuitplatte mit der Limettencreme bestreichen. Die Platte vorsichtig längs halbieren und jeweils fest aufrollen. Über Nacht im Kühlschrank ziehen lassen.

5 Am nächsten Tag die Kuvertüre hacken, in eine Schüssel geben und im warmen Wasserbad schmelzen. Die Rollen mit der Kuvertüre bestreichen und in den Schokoblättchen wälzen. Die Rollen schräg in je 5 Stücke schneiden. Die Limetten heiß waschen, trocken reiben und in Scheiben schneiden. Die Röllchen damit verzieren.

Zutaten für 10 Stück

Für den Biskuit:
50 g Mehl
35 g Speisestärke
1/2 TL Backpulver
20 g gemahlene Mandeln
3 Eier
80 g Zucker
Salz
2 EL Zitronensaft
2 Msp. abgeriebene unbehandelte Zitronenschale
1 Msp. Vanillemark
1 EL heiße Butter
Zucker zum Bestreuen

Für die Limettencreme:
130 g Zucker
125 g Butter
Saft von 1 Limette
1 Ei
100 ml Maracujasaft
1 EL Vanillepuddingpulver

Außerdem:
200 g Zartbitterkuvertüre
200 g Schokoblättchen
1–2 unbehandelte Limetten

Angelika Schwalber empfiehlt

Verzichten Sie hier darauf, die Kuvertüre zum Bestreichen der Biskuitrollen zu temperieren, wie dies meist bei Kuvertüre empfohlen wird. Sie zieht sonst zu schnell an, und die Schokoblättchen halten nicht mehr.

Preiselbeertörtchen mit Schoko-Nougat-Sahne

Zutaten für 8 Stück

Für den Biskuit:
50 g Mehl
40 g Speisestärke
1/2 TL Backpulver
50 g gemahlene Mandeln
3 Eier
80 g Zucker
Salz
1 Msp. Vanillemark
1 Msp. abgeriebene unbehandelte Zitronenschale
10 g heiße Butter
Zucker zum Bestreuen

Für das Preiselbeergelee:
300 g Preiselbeermarmelade
3 TL Tortenguss

Für die Schoko-Nougat-Sahne:
25 g Zartbitterkuvertüre
25 g Nussnougat
4 EL Portwein
150 g Sahne

Für die Zimtsahne:
1 Msp. Zimtpulver
1 TL Zucker
1/2 Päckchen Sahnesteif
150 g Sahne

1 Den Backofen auf 210 °C vorheizen. Für den Biskuit das Mehl mit der Speisestärke und dem Backpulver sieben und die Mandeln untermischen. Die Eier trennen. Die Eiweiße mit dem Zucker und 1 Prise Salz zu einem cremigen Schnee schlagen. Die Eigelbe, das Vanillemark und die Zitronenschale unter den Eischnee rühren. Zuerst die Mehlmischung und dann die Butter unterheben (siehe S. 96).

2 Den Biskuit auf ein mit Backpapier belegtes Backblech (40 x 35 cm) geben und glatt streichen. Im Ofen auf der mittleren Schiene 10 bis 12 Minuten backen. Herausnehmen, sofort leicht mit Zucker bestreuen, auf Backpapier stürzen und abkühlen lassen.

3 Für das Gelee die Preiselbeermarmelade mit dem Tortenguss mischen und aufkochen. Zwei Drittel der Biskuitplatte gleichmäßig mit dem warmen Preiselbeergelee bestreichen, den Rest frei lassen. Mit einem Ring (6 cm Durchmesser) 24 Kreise ausstechen, sodass es 16 Kreise mit Preiselbeergelee sind und 8 ohne.

4 Für die Schoko-Nougat-Sahne die Kuvertüre und das Nussnougat hacken und im warmen Wasserbad schmelzen. Aus dem Wasserbad nehmen und den Portwein unterrühren. Die Sahne steif schlagen. Zuerst ein Drittel der geschlagenen Sahne unter die Schokomasse rühren, dann die restliche Sahne unterheben. Die Masse in einen Spritzbeutel mit Lochtülle füllen.

5 Acht Böden mit Gelee nebeneinanderlegen und die Schoko-Nougat-Sahne in die Mitte daraufspritzen. Je 1 Boden ohne Gelee vorsichtig auflegen und so weit andrücken, dass die Nougatsahne bündig mit den beiden Böden ist. Etwa 30 Minuten kühl stellen.

6 Für die Zimtsahne den Zimt, den Zucker und Sahnesteif mischen und mit der Sahne steif schlagen. In einen Spritzbeutel mit Lochtülle füllen und auf die Törtchen spritzen. Noch einmal 1 Boden mit Gelee auflegen und wieder so weit andrücken, dass die Sahne mit den Böden bündig ist. Die Törtchen 2 bis 3 Stunden kühl stellen. Nach Belieben mit gezuckerten Preiselbeeren garnieren.

Angelika Schwalber empfiehlt

Anstelle der Törtchen lässt sich auch eine ganze Torte backen. Einfach von allem die doppelte Menge zubereiten. Der Biskuit wird dann in einer Springform (26 cm Durchmesser) gebacken und vor dem Füllen zweimal quer durchgeschnitten.

Aprikosen-Rohrnudeln mit Zitronenglasur

Zutaten für 12 Stück

Für den Hefeteig:
500 g Mehl
60 g Zucker
1/4 TL Salz
1 Msp. abgeriebene unbehandelte Zitronenschale
1 Msp. Vanillemark
30 g frische Hefe
gut 1/8 l lauwarme Milch
2 Eier
100 g weiche Butter

Außerdem:
Mehl für die Arbeitsfläche
6 Aprikosen
je 3 EL Butter und Zucker für die Form
3 EL Aprikosenkonfitüre
2 EL Zitronensaft
ca. 100 g Puderzucker

1 Für den Hefeteig Mehl, Zucker, Salz, Zitronenschale, Vanillemark und zerbröckelte Hefe in eine Schüssel geben. Die lauwarme Milch, Eier und Butter dazugeben. Alle Teigzutaten mit den Knethaken des Handrührgeräts zu einem glatten Teig verkneten. Den Teig zugedeckt an einem warmen Ort etwa 15 Minuten gehen lassen (siehe S. 95).

2 Den Teig auf der bemehlten Arbeitsfläche zu einem Rechteck (42 x 28 cm) ausrollen. Den Teig längs halbieren und die Hälften jeweils in sechs Streifen (7 cm breit) schneiden.

3 Die Aprikosen waschen, trocken tupfen, halbieren und den Stein entfernen. Auf jedes Teigstück im oberen Drittel 1/2 Aprikose legen und den Teig darüber einschlagen.

4 Die Butter in eine ofenfeste Form (etwa 34 x 20 cm) geben und im warmen Backofen zerlassen. Sobald die Butter flüssig ist, den Zucker und 2 EL Wasser dazugeben und vermischen. Die Teigstücke mit der Naht nach unten in die Form geben und zugedeckt an einem warmen Ort etwa 30 Minuten gehen lassen.

5 Inzwischen den Backofen auf 180 °C vorheizen. Die Rohrnudeln im Ofen auf der mittleren Schiene 25 bis 30 Minuten backen.

6 Die Aprikosenkonfitüre in einem kleinen Topf erhitzen und glatt rühren. Die Rohrnudeln aus der Form stürzen und mit der Aprikosenkonfitüre bestreichen. Den Zitronensaft mit dem Puderzucker zu einer cremigen Glasur verrühren. Sobald die Konfitüre fest geworden ist, die Rohrnudeln mit der Zitronenglasur bestreichen.

Angelika Schwalber empfiehlt

Als Füllung für die Rohrnudeln passen auch sehr gut frische Zwetschgen. Man kann allerdings auch Zwetschgenkonfitüre oder andere Konfitüre hineingeben. Das ist besonders im Winter eine gute Alternative, wenn kein geeignetes frisches Obst zu bekommen ist.

APFEL-MOHN-TALER MIT VANILLEQUARK

Zutaten für 12 Stück

Für die Mohnfüllung:
80 g Zucker
125 g gemahlener Mohn
50 g Kuchen- oder Semmelbrösel
300 ml Milch
40 g Vanillepuddingpulver

Für die Streusel:
100 g Zucker
200 g Butter · 300 g Mehl
Salz · 1 Msp. Vanillemark
1 Msp. abgeriebene unbehandelte Zitronenschale

Für die Äpfel:
3 kleine Äpfel (z.B. Boskop oder Cox Orange) · 2 EL Zitronensaft

Für den Hefeteig:
250 g Mehl · 30 g Zucker
Salz · 1 Msp. Vanillemark
1 Msp. abgeriebene unbehandelte Zitronenschale
15 g frische Hefe
65 ml lauwarme Milch
1 Ei · 50 g weiche Butter

Für die Quarkfüllung:
125 g Speisequark (20% Fett)
2 EL Zucker
1 EL Vanillepuddingpulver
1 Eigelb · Salz · 1 Msp. Vanillemark
1 Msp. abgeriebene unbehandelte Zitronenschale

Außerdem:
Mehl für die Arbeitsfläche
12 TL Zwetschgenmarmelade
Puderzucker zum Bestäuben

1 Für die Mohnfüllung 200 ml Wasser mit 60 g Zucker aufkochen. Den gemahlenen Mohn dazugeben, nochmals aufkochen lassen, von der Herdplatte nehmen und die Kuchenbrösel unterrühren. Aus der Milch, dem restlichen Zucker und dem Puddingpulver nach Packungsanweisung einen Vanillepudding kochen und unter den Mohn rühren. Die Füllung mit Frischhaltefolie zugedeckt auskühlen lassen.

2 Für die Streusel aus dem Zucker, der Butter, dem Mehl, 1 Prise Salz, dem Vanillemark und der Zitronenschale einen Mürbeteig zubereiten (siehe S. 94). Den Teig mithilfe einer Spätzlepresse zu Streuseln verarbeiten und kühl stellen.

3 Den Backofen auf 180 °C vorheizen. Die Äpfel vierteln, schälen und das Kerngehäuse entfernen. Die Apfelviertel nochmals halbieren, mit Zitronensaft beträufeln und auf einem Backblech verteilen. Im Ofen auf der mittleren Schiene 5 bis 10 Minuten dünsten. Herausnehmen und abkühlen lassen.

4 Für den Hefeteig Mehl, Zucker, 1 Prise Salz, das Vanillemark, Zitronenschale und die zerbröckelte Hefe in eine Schüssel geben. Die lauwarme Milch, das Ei und die weiche Butter zur Mehlmischung geben und alles mit den Knethaken des Handrührgeräts zu einem glatten Teig verkneten. Zugedeckt an einem warmen Ort etwa 15 Minuten gehen lassen (siehe S. 95).

5 Für die Quarkfüllung den Quark, den Zucker, das Puddingpulver, das Eigelb, 1 Prise Salz, das Vanillemark und die Zitronenschale glatt rühren.

6 Den Teig auf der bemehlten Arbeitsfläche zu einer Rolle formen und in 12 gleich große Stücke teilen. Die Teigstücke noch mal durchkneten und rund formen. Weitere 15 Minuten zugedeckt gehen lassen. Den Backofen auf 180 °C vorheizen.

7 Die Teigstücke flach drücken und so formen, dass sie in der Mitte flacher sind und außen höher. Mit 2 cm Abstand auf ein mit Backpapier belegtes Backblech legen. Die Füllungen und die Äpfel gleichmäßig darauf verteilen, je 1 TL Zwetschgenmarmelade in die Mitte geben und mit den Streuseln bestreuen. Im Ofen auf der mittleren Schiene 12 bis 15 Minuten backen. Die abgekühlten Apfel-Mohn-Taler leicht mit Puderzucker bestäuben.

Rüblikuchen in der Eierschale

Zutaten für 30 Stück

Für den Teig:
150 g Karotten
1 Msp. abgeriebene unbehandelte Zitronenschale
1 EL Zitronensaft
2 Eier
100 g Zucker
Salz
2 EL Mehl
1 EL Speisestärke
1 Msp. Backpulver
125 g gemahlene Mandeln

Für die Füllung:
200 g Speisequark (20 % Fett)
5 EL Maracujasaft
100 g Sahne
1 Päckchen Sahnesteif
etwas Vanillezucker
1 faserfreie Mango
2 EL Zitronensaft

Außerdem:
30 ausgewaschene Eierschalenhälften
30 Minzeblätter

1 Für den Teig die Karotten putzen, schälen und fein reiben. Mit der Zitronenschale und -saft mischen.

2 Den Backofen auf 170 °C vorheizen. Die Eier trennen. Die Eiweiße mit dem Zucker und 1 Prise Salz zu einem cremigen Schnee schlagen. Die Eigelbe unterrühren. Das Mehl sieben und mit der Speisestärke, dem Backpulver und den Mandeln mischen. Die Mehlmischung und die Karotten unterheben.

3 Die Eierschalen zu drei Vierteln mit dem Teig füllen und in einen Eierkarton setzen. Im Ofen auf der mittleren Schiene 20 bis 23 Minuten backen. Wenn nötig, nach 5 Minuten mit Backpapier bedecken. Herausnehmen und abkühlen lassen.

4 Für die Füllung den Quark und den Maracujasaft verrühren. Die Sahne mit dem Sahnesteif und dem Vanillezucker steif schlagen und unter die Quarkmasse heben. Die Masse in einen Spritzbeutel mit Sterntülle füllen.

5 Von der Mango eine Hälfte am Stein entlang mit einem scharfen Messer abschneiden. Die zweite Hälfte ebenfalls vom Stein schneiden. Die Mangohälften schälen und das Fruchtfleisch in 1/2 cm große Würfel schneiden. Mit dem Zitronensaft mischen und bis auf 1 EL auf den Rüblikuchen verteilen. Aus der Quarkcreme kleine Rosetten daraufspritzen und mit den Minzeblättern und den restlichen Mangowürfeln verzieren.

Angelika Schwalber empfiehlt

Die Eierschalen können im Grunde mit jedem beliebigen Sandkuchenteig gefüllt werden. Probieren Sie einfach selbst aus, was Sie in diesen originellen Backförmchen alles zaubern können.

Festlich

FESTLICHES GEBÄCK

Schwarz-Weiss-Gebäck auf klassische Art

Zutaten für ca. 50 Stück

420 g Mehl
150 g Puderzucker
1 Msp. abgeriebene unbehandelte Zitronenschale
1 Msp. Vanillemark
Salz
2 Eigelb
300 g weiche Butter
3 EL Kakaopulver
Mehl für die Arbeitsfläche

1 Das Mehl auf die Arbeitsfläche sieben und in die Mitte eine Mulde drücken. Den Puderzucker mit der Zitronenschale, dem Vanillemark, 1 Prise Salz und den Eigelben in die Vertiefung geben. Die Butter in Stücken am Rand verteilen. Alles mit den Händen rasch zu einem glatten Teig verkneten, zu einem Rechteck formen, in Frischhaltefolie wickeln und 2 bis 3 Stunden kühl stellen (siehe S. 94).

2 Den Mürbeteig halbieren und unter die Hälfte des Teigs das Kakaopulver kneten. Beide Teige in Frischhaltefolie wickeln und weitere 1 bis 2 Stunden kühl stellen.

3 Den Backofen auf 190 °C vorheizen. Von beiden Teigen jeweils knapp ein Drittel zum Ummanteln abnehmen und kühl stellen. Die Teige nochmals durchkneten und auf bemehlter Arbeitsfläche jeweils zu einem 8 mm dicken Rechteck ausrollen und in 8 mm breite Streifen schneiden. Die einzelnen Streifen mit ganz wenig Wasser bestreichen und nach Belieben Hell und Dunkel zusammensetzen (insgesamt immer neun Streifen). Noch einmal kühl stellen.

4 Die beiseitegelegten Teige jeweils auf der bemehlten Arbeitsfläche 3 mm dick ausrollen, mit wenig Wasser bestreichen und die Stangen mal hell und mal dunkel einschlagen. Nochmals kühl stellen.

5 Die Stangen in 1/2 cm breite Scheiben schneiden. Auf ein mit Backpapier belegtes Backblech legen und im Ofen auf der mittleren Schiene 10 bis 12 Minuten backen. Herausnehmen, abkühlen lassen und in gut verschließbaren Dosen aufbewahren.

Angelika Schwalber empfiehlt

Noch weihnachtlicher schmeckt das Gebäck, wenn Sie 1/2 TL Lebkuchengewürz unter den dunklen Mürbeteig kneten. Sie können die beiden ausgerollten Teige auch aufeinanderlegen und zu einer Rolle einrollen. Dann von der Rolle etwa 1/2 cm breite Scheiben abschneiden – so erhalten Sie Schwarz-Weiß-Gebäck in Schneckenform.

Vanillekipferl mit Mandeln

Zutaten für ca. 50 Stück

Für den Mürbeteig:
280 g Mehl
90 g Puderzucker
110 g gemahlene Mandeln
Mark von 1 Vanilleschote
Salz
1 Eigelb
200 g weiche Butter

Außerdem:
Mehl für die Arbeitsfläche
200 g Zucker
Mark von 1 Vanilleschote

1 Für den Mürbeteig das Mehl auf die Arbeitsfläche sieben und in die Mitte eine Mulde drücken. Puderzucker mit den Mandeln, dem Vanillemark, 1 Prise Salz und dem Eigelb in die Vertiefung geben. Die Butter in Stücken am Rand verteilen. Alles mit den Händen rasch zu einem glatten Teig verkneten, zu einem Rechteck formen, in Frischhaltefolie wickeln und 2 bis 3 Stunden kühl stellen (siehe S. 94).

2 Den Backofen auf 190 °C vorheizen. Den Mürbeteig nochmals durchkneten und in Portionen teilen. Jede Teigportion auf der bemehlten Arbeitsfläche zu einer Rolle (etwa 3 cm Durchmesser) formen und in etwa 1 cm breite Scheiben schneiden. Dann daraus spitz zulaufende Röllchen formen und diese zu kleinen Hörnchen biegen.

3 Die Kipferl auf ein mit Backpapier belegtes Backblech legen und im Ofen auf der mittleren Schiene 10 bis 12 Minuten backen. Herausnehmen und nur leicht abkühlen lassen.

4 Den Zucker mit dem Vanillemark mischen und die noch warmen Kipferl darin vorsichtig wenden. Die Vanillekipferl in gut verschließbaren Dosen aufbewahren.

Angelika Schwalber empfiehlt

Achten Sie darauf, die Vanillekipferl nicht zu dunkel zu backen, sonst schmecken sie leicht bitter. Für einen intensiveren Nussgeschmack können Sie die Mandeln durch gemahlene Haselnüsse ersetzen.

Nussecken mit Zartbitterguss

Zutaten für ca. 70 Stück

Für den Mürbeteig:
210 g Mehl
75 g Puderzucker
1 Msp. abgeriebene unbehandelte Zitronenschale
1 Msp. Vanillemark
Salz
1 Eigelb
150 g weiche Butter

Zum Bestreichen:
3 EL Aprikosenkonfitüre

Für die Nussfüllung:
150 g Butter
150 g Zucker
1 Msp. Vanillemark
Salz
100 g gemahlene Haselnüsse
200 g gehobelte Haselnüsse
1/2 TL Zimtpulver

Für den Guss:
200 g Zartbitterkuvertüre

Außerdem:
Butter und Mehl für das Blech

1 Für den Mürbeteig das Mehl auf die Arbeitsfläche sieben und in die Mitte eine Mulde drücken. Den Puderzucker mit der Zitronenschale, dem Vanillemark, 1 Prise Salz und dem Eigelb in die Vertiefung geben. Die Butter in Stücken am Rand verteilen. Alles mit den Händen rasch zu einem glatten Teig verkneten, zu einem Rechteck formen, in Frischhaltefolie wickeln und 2 bis 3 Stunden kühl stellen (siehe S. 94).

2 Den Backofen auf 180 °C vorheizen. Den Teig nochmals kneten, auf einem gefetteten, bemehlten Backblech (40 x 30 cm) ausrollen und im Ofen auf der mittleren Schiene 10 Minuten vorbacken. Herausnehmen, etwas abkühlen lassen und mit der glatt gerührten Aprikosenkonfitüre bestreichen. Die Backofentemperatur auf 160 °C reduzieren.

3 Für die Nussfüllung die Butter mit dem Zucker, dem Vanillemark, 1 Prise Salz und 3 EL Wasser in einem Topf unter ständigem Rühren zerlassen. Gemahlene und gehobelte Haselnüsse sowie den Zimt unterrühren und etwas abkühlen lassen.

4 Einen mehrfach gefalteten Streifen Alufolie so auf das Backblech und um den Mürbeteig legen, dass ein Rand entsteht. Die Nussmasse auf dem Mürbeteig verteilen, glatt streichen und im Ofen auf der mittleren Schiene etwa 20 Minuten backen. Herausnehmen und abkühlen lassen.

5 Das Gebäck in 5 x 5 cm große Quadrate schneiden und diese diagonal halbieren. Die Kuvertüre hacken und in einer Metallschüssel im warmen Wasserbad schmelzen und temperieren (siehe S. 97). Die Dreiecke mit den Spitzen in die Kuvertüre tauchen und auf einem Stück Backpapier fest werden lassen. Die Nussecken in gut verschließbaren Dosen aufbewahren.

Angelika Schwalber empfiehlt

Lust auf Abwechslung? Dann tauschen Sie die Haselnüsse in der Nussfüllung durch Mandeln aus und verwenden für den Guss Vollmich- anstelle von Zartbitterkuvertüre.

Mandelsplitter mit Vollmilchkuvertüre

Zutaten für ca. 30 Stück

160 g Mandelstifte
1 Msp. Zimtpulver
2 EL Zucker
3 EL Sahne
130 g Vollmilchkuvertüre

1 Den Backofen auf 200 °C vorheizen. Die Mandeln mit dem Zimt, dem Zucker und der Sahne mischen und auf ein mit Backpapier belegtes Backblech geben.

2 Die Mandeln im Ofen auf der mittleren Schiene unter mehrmaligem Wenden rösten, bis sie gebräunt sind. Herausnehmen und abkühlen lassen.

3 Die Kuvertüre hacken, im warmen Wasserbad schmelzen und temperieren (siehe S. 97). Die Kuvertüre unter die ausgekühlten Mandeln rühren. Mit einem Teelöffel auf einen Bogen Backpapier kleine Häufchen setzen. Die Mandelsplitter fest werden lassen und in einer gut verschließbaren Dose aufbewahren.

Florentiner mit getrockneten Früchten

Zutaten für ca. 60 Stück

50 g getrocknete Aprikosen
10 g getrocknete Erdbeeren
80 g Butter
200 g Zucker
100 g Honig
70 g Pinienkerne
140 g Mandelblättchen
1 Msp. abgeriebene unbehandelte Zitronenschale
200 g Zartbitterkuvertüre

1 Die Aprikosen und Erdbeeren fein hacken. Die Butter, den Zucker und den Honig in einem Topf 1 Minute kochen lassen. Die Pinienkerne, die Mandelblättchen, die getrockneten Früchte und die Zitronenschale gut unterrühren.

2 Den Backofen auf 180 °C vorheizen. Die Masse mit einem Teelöffel in kleinen Portionen auf ein mit Backpapier belegtes Backblech setzen. Sie sollten genügend Abstand zueinander haben. Mit den Fingern etwas flach drücken (dabei am besten die Finger immer wieder in kaltes Wasser tauchen). Die Florentiner im Ofen auf der mittleren Schiene 4 bis 5 Minuten backen.

3 Die Florentiner herausnehmen und sofort mithilfe eines runden Ausstechers oder Messers in Form bringen. Auskühlen lassen. Die Kuvertüre hacken, in einer Metallschüssel im warmen Wasserbad schmelzen und temperieren (siehe S. 97). Etwa 2 cm große Kuvertürekleckse auf einem Backpapier verteilen und die abgekühlten Florentiner daraufdrücken. Trocknen lassen und in Dosen aufbewahren.

Schweinsöhrchen mit Haselnüssen

Zutaten für ca. 26 Stück

3 EL brauner Zucker
1 Platte Blätterteig (aus dem Kühlregal; auf Backpapier ausgerollt, 42 x 25 cm)
3 EL geröstete, gehackte Haselnüsse
200 g Zartbitterkuvertüre

1 Auf die Arbeitsfläche 1 EL braunen Zucker streuen und den Blätterteig mit der Backpapierseite nach oben darauflegen. Das Papier abziehen und den Blätterteig mit dem restlichen Zucker und den gehackten Haselnüssen bestreuen.

2 Den Teig jeweils von unten und oben zweimal bis zur Mitte einschlagen und dann so aufeinanderlegen, dass ein breiter Streifen entsteht. Den Streifen in 1 1/2 cm breite Scheiben schneiden und mit der Schnittfläche auf ein mit Backpapier belegtes Backblech legen. Die Flügel der Teigstücke waagerecht nach außen drehen und die Teigstücke mindestens 15 Minuten kühl stellen.

3 Den Backofen auf 200 °C vorheizen. Die Schweinsöhrchen im Ofen auf der mittleren Schiene 10 Minuten backen. Dann wenden und weitere 3 bis 5 Minuten backen. Abkühlen lassen.

4 Die Kuvertüre hacken, in einer Metallschüssel im warmen Wasserbad schmelzen und temperieren (siehe S. 97). Die Spitzen der Schweinsöhrchen in die Kuvertüre tauchen, auf Backpapier legen und fest werden lassen. In gut verschließbaren Dosen aufbewahren.

Angelika Schwalber empfiehlt

Witzig sehen die Schweinsöhrchen mit rosafarbenen Spitzen aus: Dafür 200 g weiße Kuvertüre hacken und in einer Metallschüssel im warmen Wasserbad schmelzen und temperieren. 4 bis 5 Tropfen rote Lebensmittelfarbe dazugeben und so lange rühren, bis die Kuvertüre rosa ist. Die gebackenen Schweinsöhrchen mit den Enden in die rosa Kuvertüre tauchen und trocknen lassen.

EISENBAHNER MIT APRIKOSENKONFITÜRE

Zutaten für ca. 60 Stück

Für den Mürbeteig:
210 g Mehl
75 g Puderzucker
1 Msp. abgeriebene unbehandelte Zitronenschale
1 Msp. Vanillemark
Salz
1 Eigelb
150 g weiche Butter

Für die Makronenmasse:
200 g Marzipanrohmasse
30 g Puderzucker
20 g Butter
1 Eiweiß

Außerdem:
Mehl für die Arbeitsfläche
ca. 250 g Aprikosenkonfitüre

1 Am Vortag für den Mürbeteig das Mehl auf die Arbeitsfläche sieben und in die Mitte eine Mulde drücken. Den Puderzucker mit der Zitronenschale, dem Vanillemark, 1 Prise Salz und dem Eigelb in die Vertiefung geben. Die Butter in Stücken am Rand verteilen. Alles mit den Händen rasch zu einem glatten Teig verkneten, zu einem Rechteck formen, in Frischhaltefolie wickeln und 2 bis 3 Stunden kühl stellen (siehe S.94).

2 Den Backofen auf 180°C vorheizen. Den Mürbeteig nochmals durchkneten, auf der bemehlten Arbeitsfläche zu einem Rechteck (40 x 30 cm) ausrollen und auf ein mit Backpapier belegtes Backblech legen. Im Ofen auf der mittleren Schiene etwa 10 Minuten backen.

3 Den gebackenen Mürbeteig herausnehmen und noch heiß der Länge nach in zehn etwa 4 cm breite Streifen schneiden. Die Hälfte der Streifen mit etwa 150 g glatt gerührter Aprikosenkonfitüre bestreichen, jeweils einen Streifen darauflegen und leicht andrücken.

4 Für die Makronenmasse alle Zutaten zu einer glatten Masse verarbeiten. In einen Spritzbeutel mit mittelgroßer Sterntülle füllen und jeweils oben und unten der Länge nach auf die Teigstreifen einen Streifen spritzen. Über Nacht antrocknen lassen.

5 Den Backofen auf 220°C vorheizen. Die Teigstreifen auf ein mit Backpapier belegtes Backblech legen und im Ofen auf der mittleren Schiene etwa 15 Minuten backen. Abkühlen lassen. Die restliche Aprikosenkonfitüre aufkochen und heiß in die Mitte des Gebäcks füllen. Sobald die Konfitüre fest geworden ist, das Gebäck in etwa 2 1/2 cm breite Stücke schneiden.

Angelika Schwalber empfiehlt

Probieren Sie auch folgende Variante: Aus dem ausgerollten Mürbeteig mit einem runden Ausstecher (4 cm Durchmesser) Kreise ausstechen und backen. Immer 2 Plätzchen mit etwas Johannisbeergelee zusammensetzen. Die Makronenmasse als Ring am Plätzchenrand aufspritzen und über Nacht trocknen lassen. Am nächsten Tag erneut backen und das restliche Gelee in die Kreismitte füllen.

Mozartsterne mit Marzipan und Pistazien

Zutaten für ca. 70 Stück

Für den Mürbeteig:
150 g Mehl
50 g Puderzucker
1 Msp. Vanillemark
Salz
1 Eigelb
50 g weicher Nussnougat
80 g weiche Butter

Für die Füllung:
140 g Marzipanrohmasse
40 g weiche Butter
40 g fein gehackte Pistazien
1 Eigelb
1 Msp. Vanillemark

Außerdem:
Mehl für die Arbeitsfläche
1 Platte Blätterteig (aus dem Kühlregal; auf Backpapier ausgerollt, 42 x 25 cm)
1 Eiweiß
Zucker
Puderzucker

1 Für den Mürbeteig das Mehl auf die Arbeitsfläche sieben und in die Mitte eine Mulde drücken. Puderzucker mit dem Vanillemark, 1 Prise Salz, dem Eigelb und dem Nougat in die Vertiefung geben. Die Butter in Stücken am Rand verteilen. Alles mit den Händen rasch zu einem glatten Teig verkneten, zu einem Rechteck formen, in Frischhaltefolie wickeln und 2 bis 3 Stunden kühl stellen (siehe S. 94).

2 Für die Füllung die Marzipanrohmasse mit der weichen Butter, den Pistazien, dem Eigelb und dem Vanillemark zu einer glatten Masse verrühren.

3 Den Mürbeteig nochmals durchkneten und auf der bemehlten Arbeitsfläche zu einem Rechteck (35 x 25 cm) ausrollen. Die Marzipanmasse gleichmäßig darauf verteilen und glatt streichen. Die Blätterteigplatte mit dem Backpapier nach oben darauflegen, das Papier abziehen und den Blätterteig festdrücken. Mit einer Gabel mehrmals einstechen. Die Platte dünn mit verquirltem Eiweiß bestreichen.

4 Aus dem Teig mit einem Sternausstecher Sterne (4 cm groß) ausstechen, mit der Blätterteigseite in Zucker tauchen und mit der Mürbeteigseite nach unten auf ein mit Backpapier belegtes Backblech legen. Die Sterne 15 Minuten kühl stellen.

5 Inzwischen den Backofen auf 200 °C vorheizen. Die Sterne im Ofen auf der mittleren Schiene 10 bis 12 Minuten backen. Herausnehmen und abkühlen lassen. Dünn mit Puderzucker und nach Belieben mit gemahlenen Pistazien bestäuben.

Angelika Schwalber empfiehlt

So klappt das Sterneausstechen garantiert reibungslos: Tauchen Sie den Plätzchenausstecher nach jedem Plätzchen mit der Unterseite in Mehl. So bleibt der Mürbeteig nicht daran kleben, und Sie erhalten schön geformte Sterne.

Springerle mit Anis

Zutaten für ca. 45 Stück

Für den Teig:
4 Eier
500 g Puderzucker
500 g Mehl
1 TL Anissamen

Außerdem:
Speisestärke zum Bestäuben
Mehl und Öl für das Backblech
Lebensmittelfarben (nach Belieben)

1 Am Vortag für den Teig die Eier mit dem Puderzucker mit den Quirlen des Handrührgeräts so lange aufschlagen, bis der Zucker vollständig aufgelöst ist. Das gesiebte Mehl und die Anissamen unterkneten. Den Teig in Frischhaltefolie wickeln und 2 bis 3 Stunden kühl stellen.

2 Den Teig zwischen zwei Schienen zu einem 1 cm dicken Rechteck ausrollen und mit Speisestärke bestäuben. Mit den Handballen so lange glatt massieren, bis die Oberfläche vollkommen glatt und ohne Risse ist.

3 Model mit verschiedenen Motiven mit der Bildseite nach unten auf den Teig drücken und senkrecht nach oben abheben. Die Bilder müssen vollständig erkennbar sein. Wichtig: Nie Mehl oder Stärke in die Model streuen, da sonst eventuell die feinen Details nicht zur Geltung kommen.

4 Die Springerle mit einem scharfen Messer ausschneiden und auf einem dünn bemehlten Backblech über Nacht trocknen lassen.

5 Am nächsten Tag den Backofen auf 160 °C vorheizen. Ein zweites Backblech dünn mit Öl bestreichen und leicht mit Mehl bestäuben. Die Springerle darauflegen und und auf der mittleren Schiene bei leicht geöffneter Backofentür 20 bis 30 Minuten backen. Die Oberfläche sollte weiß bleiben, und die Unterseite sollte ein kleines »Füßchen« bekommen. Herausnehmen und abkühlen lassen.

6 Die Springerle nach Belieben mit Lebensmittelfarben bemalen. Trocknen lassen und in gut verschließbaren Dosen aufbewahren.

Angelika Schwalber empfiehlt

Die Springerle sind auch ein hübscher Weihnachtsschmuck. Dafür vor dem Trocknen in die Plätzchen ein kleines Loch stechen. Dann kann man sie nach dem Backen an einem Band aufhängen und als Dekor für Weihnachtsbaum & Co. verwenden. Lagern Sie den Schmuck am besten in gut verschließbaren Dosen, dann können Sie ihn mehrere Jahre lang verwenden.

Mini-Lebkuchen mit Cashewkernen

1 Für den Lebkuchenteig die gemahlenen Mandeln, die gemahlenen Cashewkerne, das Mehl, die Kuchenbrösel, das Lebkuchengewürz und die gehobelten Mandeln mischen. Das Orangeat und die Kirschen im Blitzhacker fein zerkleinern.

2 Das Hirschhornsalz mit 1 EL Eiweiß in einer Tasse verrühren. Das restliche Eiweiß mit dem Puderzucker und 1 Prise Salz zu einem cremigen Schnee schlagen. Die Marzipanrohmasse in kleinen Stückchen unter den Eischnee rühren.

3 Die Mandelmischung, das Vanillemark, die Zitronenschale und das Hirschhornsalz unter den Eischnee heben. Die Masse mit einem Teelöffel auf Oblaten verteilen und mit einem Messer kuppelförmig verstreichen. Dabei zum Rand hin flacher werden. Die Lebkuchen auf ein mit Backpapier belegtes Backblech setzen und bei Zimmertemperatur 5 bis 6 Stunden trocknen lassen.

4 Den Backofen auf 180 °C vorheizen. Die Lebkuchen im Ofen auf der mittleren Schiene 10 bis 15 Minuten backen. Herausnehmen und abkühlen lassen.

5 Die Kuvertüre hacken, in einer Metallschüssel im warmen Wasserbad schmelzen und temperieren (siehe S. 97). Die Lebkuchen mit der Kuvertüre überziehen und mit je 1 Cashewkern verzieren. Fest werden lassen.

Zutaten für ca. 65 Stück

Für den Lebkuchenteig:
100 g gemahlene Mandeln
140 g gemahlene Cashewkerne
40 g Mehl
40 g Kuchen- oder fein geriebene Semmelbrösel
3 TL Lebkuchengewürz
50 g gehobelte Mandeln
50 g Orangeat
50 g getrocknete Sauerkirschen
1/2 TL Hirschhornsalz
5 Eiweiß
330 g Puderzucker
Salz
120 g Marzipanrohmasse
1 Msp. Vanillemark
1 Msp. abgeriebene unbehandelte Zitronenschale

Außerdem:
65–70 Oblaten (5 cm Durchmesser)
400 g Zartbitterkuvertüre
65–70 geröstete Cashewkerne

Angelika Schwalber empfiehlt

Für einen klassischen Lebkuchen ersetzen Sie die getrockneten Kirschen durch Zitronat und verwenden nur gemahlene Mandeln und keine Cashewkerne. In einer Gebäckdose aufbewahrt, bleiben die Lebkuchen länger frisch.

Marzipanmonde mit Walnüssen

Zutaten für ca. 60 Stück

Für den Mürbeteig:
150 g Mehl
50 g Puderzucker
1 Msp. abgeriebene unbehandelte Zitronenschale
1 Msp. Vanillemark
Salz
1/2 TL Zimtpulver
1 Eigelb
100 g weiche Butter

Für das Walnussmarzipan:
50 g geröstete Walnüsse
200 g Marzipanrohmasse
40 g Puderzucker
40 g weiche Butter
3 EL Rum

Außerdem:
Mehl für die Arbeitsfläche
400 g Vollmilchkuvertüre
50 g Zartbitterkuvertüre
ca. 30 geröstete Walnusshälften

1 Am Vortag für den Mürbeteig das Mehl auf die Arbeitsfläche sieben und in die Mitte eine Mulde drücken. Den Puderzucker mit der Zitronenschale, dem Vanillemark, 1 Prise Salz, dem Zimt und dem Eigelb in die Vertiefung geben. Die Butter in Stücken am Rand verteilen. Alles mit den Händen rasch zu einem glatten Teig verkneten, zu einem Rechteck formen, in Frischhaltefolie wickeln und 2 bis 3 Stunden kühl stellen (siehe S. 94).

2 Den Backofen auf 190 °C vorheizen. Den Mürbeteig nochmals durchkneten, auf der bemehlten Arbeitsfläche 2 bis 3 mm dick ausrollen und mit einem Plätzchenausstecher Monde (5 x 2 1/2 cm) ausstechen. Auf ein mit Backpapier belegtes Backblech legen und im Ofen auf der mittleren Schiene 7 bis 9 Minuten backen. Herausnehmen und abkühlen lassen.

3 Für das Walnussmarzipan die Walnüsse fein hacken. Die Marzipanrohmasse mit dem Puderzucker und der weichen Butter verkneten. Den Rum dazugeben und alles glatt rühren. Dann die Walnüsse unterrühren. Die Marzipanmasse in einen Spritzbeutel mit Lochtülle füllen und so auf die Monde spritzen, dass sie in der Mitte dicker sind. Die Marzipanmasse mit einem Messer kuppelförmig verstreichen. Über Nacht bei kühler Zimmertemperatur trocknen lassen.

4 Am nächsten Tag die Kuvertüren getrennt hacken, jeweils in einer Metallschüssel im warmen Wasserbad schmelzen und temperieren (siehe S. 97). Die Monde mit der Vollmilchkuvertüre überziehen und aus der dunklen Kuvertüre feine Streifen daraufspritzen. Die Walnusshälften nochmals halbieren und in die Mitte der Monde jeweils 1/4 geröstete Walnuss setzen. Trocknen lassen und in gut verschließbaren Dosen aufbewahren.

Angelika Schwalber empfiehlt

Für ein besonders feines Aroma kann man die gerösteten Walnüsse für die Deko noch karamellisieren: Dafür 1 EL Zucker in einer Pfanne schmelzen, bis er sich goldgelb färbt. Die Walnüsse dazugeben und in dem Karamell wenden. Herausnehmen und getrennt auf Backpapier kurz fest werden lassen.

Nussblätter mit Nougat

Zutaten für ca. 70 Stück

Für die Nussblätter:
5 EL geriebene Haselnüsse
70 Haselnusskerne
1 Ei
4 EL Zucker
Salz
1 Msp. Vanillemark
1/4 TL Zimtpulver
120 g Nussnougat
100 g Zartbitterkuvertüre

Außerdem:
Pappkarton
(13 mm stark; 6 x 8 cm)

1 Auf den Pappkarton ein Blatt (etwa 6 x 3 cm) zeichnen und dieses aus dem Karton herausschneiden, sodass ein Loch in Blattform entsteht.

2 Die geriebenen und die ganzen Haselnüsse nacheinander in einer Pfanne ohne Fett leicht anrösten und abkühlen lassen.

3 Den Backofen auf 190 °C vorheizen. Das Ei mit dem Zucker, 1 Prise Salz und dem Vanillemark in einem Topf unter ständigem Rühren lauwarm erhitzen. In eine Schüssel geben und mit den Quirlen des Handrührgeräts so lange schaumig schlagen, bis die Masse wieder abgekühlt ist. Die geriebenen Haselnüsse mit dem Zimt mischen und unter die Masse heben.

4 Die Schablone auf ein mit Backpapier belegtes Backblech legen und eine kleine Teigmenge darin verstreichen. Die Schablone abheben, neben das entstandene Teigblatt setzen und wieder mit Teig füllen. Auf diese Weise etwa 140 Blätter formen und im Ofen 4 bis 6 Minuten backen.

5 Den Nougat klein schneiden und in einer Metallschüssel im warmen Wasserbad unter Rühren schmelzen. Die Hälfte der ausgekühlten Blätter mit dem Nougat bestreichen. Mit den restlichen Blättern zusammensetzen.

6 Die Kuvertüre hacken und in einer Metallschüssel im warmen Wasserbad schmelzen und temperieren (siehe S. 97). Mit der Kuvertüre der Länge und der Breite nach feine Schokoladenfäden über die Blätter ziehen, sodass ein Karomuster entsteht. In die Mitte jedes Plätzchens 1 kleinen Kuvertüretupfen geben und je 1 Haselnuss daraufsetzen. Die Nussblätter trocknen lassen und in gut verschließbaren Dosen aufbewahren.

INGWER-ORANGEN-TALER MIT APRIKOSENKONFITÜRE

Zutaten für ca. 50 Stück

80 g gehobelte Mandeln
30 g Mehl
80 g Butter
70 g Zucker
1/2 TL abgeriebene unbehandelte Orangenschale
1 Msp. Vanillemark
3 Eiweiß
Salz
50 g kandierter Ingwer
200 g Vollmilchkuvertüre
100 g Aprikosenkonfitüre

1 Den Backofen auf 190 °C vorheizen. Die Mandeln mit der Hand klein brechen, in einer Pfanne ohne Fett leicht anrösten und abkühlen lassen. Die gerösteten Mandeln in einer Schüssel mit dem Mehl mischen. Die Butter mit etwa 25 g Zucker, der Orangenschale und dem Vanillemark schaumig rühren.

2 Die Eiweiße mit dem restlichen Zucker und 1 Prise Salz zu einem cremigen Schnee schlagen. Den Ingwer klein hacken und unter den Eischnee rühren. Den Eischnee unter die Buttermasse heben und die Mehlmischung unterrühren.

3 Den Teig in einen Spritzbeutel mit mittlerer Lochtülle füllen und etwa 2 cm große Tupfen auf ein mit Backpapier belegtes Backblech spritzen, dabei zwischen den einzelnen Tupfen 3 bis 4 cm Platz lassen. Im Ofen auf der mittleren Schiene 6 bis 8 Minuten backen und anschließend abkühlen lassen.

4 Die Kuvertüre hacken und in einer Metallschüssel im warmen Wasserbad schmelzen und temperieren (siehe S. 97). Die Hälfte der Plätzchen mit der glatt gerührten Aprikosenkonfitüre bestreichen, je 1 unbestrichenes Plätzchen daraufsetzen und leicht andrücken. Die so zusammengesetzten Plätzchen bis zur Hälfte in die flüssige Kuvertüre tauchen, auf ein Backpapier legen und trocknen lassen. In gut verschließbaren Dosen aufbewahren.

Angelika Schwalber empfiehlt

Ingwer ist nicht jedermanns Sache. Diese Plätzchen können Sie aber dennoch backen. Tauschen Sie einfach den Ingwer durch fein gehacktes Orangeat aus. Dann die Taler mit Orangenmarmelade füllen und in Zartbitterkuvertüre tauchen.

Lavendelherzen mit Holunderblütengelee

Zutaten für ca. 50 Stück

Für den Rührteig:
220 g weiche Butter
70 g Puderzucker
Salz
1 Msp. abgeriebene unbehandelte Zitronenschale
1 Msp. Vanillemark
1 Ei
250 g Mehl

Außerdem:
100 g Holunderblütengelee (oder Aprikosenkonfitüre)
200 g Vollmilchkuvertüre
2–3 Tropfen Lavendelöl

1 Den Backofen auf 210 °C vorheizen. Für den Rührteig die weiche Butter mit dem Puderzucker, 1 Prise Salz, Zitronenschale und Vanillemark leicht schaumig rühren. Das Ei dazugeben und unterrühren. Das Mehl sieben und kurz unterrühren (siehe S. 97).

2 Den Teig in einen Spritzbeutel mit mittlerer Sterntülle füllen und jeweils 2 Tatzen nebeneinander so auf ein mit Backpapier belegtes Backblech spritzen, dass die Spitzen zueinanderlaufen und sich so die Form eines Herzens ergibt.

3 Die Herzen im Ofen auf der mittleren Schiene 7 bis 10 Minuten backen. Herausnehmen und abkühlen lassen.

4 Die Hälfte der Plätzchen mit dem Holunderblütengelee bestreichen und jeweils mit 1 unbestrichenen Herz belegen.

5 Die Kuvertüre hacken, in einer Metallschüssel im warmen Wasserbad schmelzen und temperieren (siehe S. 97). Mit dem Lavendelöl abschmecken. Die Spitzen der Plätzchen in die Kuvertüre tauchen und fest werden lassen. Die Lanvendelherzen in gut verschließbaren Dosen aufbewahren.

Angelika Schwalber empfiehlt

Geben Sie noch ein Apfelviertel zu den Plätzchen mit in die Dosen. Dadurch werden sie besonders schön mürbe. Der Rührteig kann auch für die klassischen »Bärentatzen« verwendet werden.

Winterzauber (Lebkuchen mit Fruchtgelee)

Zutaten für ca. 70 Stück

130 g Honig
70 g Butter
1/2 TL Hirschhornsalz
5 Eiweiß
80 g Marzipanrohmasse
100 g Orangeat
200 g Zucker
Salz
200 g geriebene Mandeln
50 g Mandelblättchen
120 g Mehl
3 TL Lebkuchengewürz
2 TL Kakaopulver
1 Msp. Vanillemark
1 Msp. abgeriebene unbehandelte Zitronenschale
5–6 EL Quitten-Himbeer-Gelee (ersatzweise Himbeer-, Johannisbeer- oder Orangengelee)
3–4 EL Puderzucker

1 Am Vortag Honig und Butter in einem Topf erhitzen. Vom Herd nehmen und abkühlen lassen. Den Backofen auf 180 °C vorheizen.

2 Das Hirschhornsalz mit 1 EL Eiweiß in einer Tasse verrühren. Die Marzipanrohmasse in kleine Stücke schneiden. Das Orangeat fein hacken. Die restlichen Eiweiße mit dem Zucker und 1 Prise Salz zu einem cremigen Schnee schlagen. Die Marzipanrohmasse nach und nach unter den Eischnee rühren. Das Orangeat untermischen.

3 Die geriebenen Mandeln und die Mandelblättchen mit dem Mehl, dem Lebkuchengewürz und dem Kakaopulver mischen. Dann unter die Eischneemasse heben.

4 Die Honigbutter mit dem Vanillemark und der Zitronenschale dazugeben. Zuletzt das Hirschhornsalz mit dem Eiweiß unterrühren.

5 Die Masse auf ein mit Backpapier belegtes Backblech (38 x 28 cm) geben, gleichmäßig verstreichen und im Ofen auf der mittleren Schiene 20 bis 25 Minuten backen. Herausnehmen und abkühlen lassen. Den Lebkuchen quer halbieren (19 x 28 cm) und eine Hälfte mit 3 bis 4 EL Quitten-Himbeer-Gelee bestreichen. Die andere Kuchenhälfte darauflegen. Den Kuchen über Nacht kühl stellen.

6 Am nächsten Tag das restliche Gelee in einem Topf erwärmen, glatt rühren und die obere Kuchenseite damit bestreichen. Trocknen lassen.

7 Den Puderzucker mit etwas Wasser zu einer Glasur verrühren, den Kuchen damit bestreichen und die Glasur fest werden lassen. Den Kuchen in etwa 4 x 2 cm große Schnitten schneiden. In gut verschließbaren Dosen aufbewahren.

Angelika Schwalber empfiehlt

Der »Winterzauber« kann auch als Adventstorte serviert werden. Dafür den Kuchen auch am Rand mit Puderzuckerglasur bestreichen und mit gerösteten Mandelblättchen garnieren. Den Kuchen in der Mitte mit Sternanis, Zimtstange, kandierter Orangenscheibe und nach Belieben Blattgoldflocken dekorieren.

MANDEL-ZWETSCHGEN-MUFFINS MIT CANTUCCINI

1 Für die Mandelmasse das Mehl mit dem Backpulver sieben und mit den gemahlenen Mandeln mischen. Die Cantuccini im Blitzhacker fein mahlen und unter die Mehlmischung rühren.

2 Die Butter mit dem Puderzucker, dem Vanillemark und 1 Prise Salz leicht schaumig rühren. Das Ei und das Eigelb nach und nach unterrühren. Dann die Cantuccini-Mehl-Mischung unterrühren.

3 Für die Zwetschgenmasse das Mehl mit dem Backpulver sieben. Die Butter mit dem Puderzucker, 1 Prise Salz, dem Vanillemark und der Zitronenschale leicht schaumig rühren. Das Ei und das Eigelb nach und nach dazugeben, dann das Mehl unterrühren. Die getrockneten Pflaumen aufschneiden, entsteinen und klein hacken. Unter den Teig mischen.

4 Den Backofen auf 180 °C vorheizen. Die Mandelmasse in einen Spritzbeutel füllen. Die Vertiefungen eines Muffinblechs einfetten und die Mandelmasse hineinspritzen. Dann die Zwetschgenmasse so einfüllen, dass die Mandelmasse an den Rand gedrückt wird.

5 Die Zwetschgen waschen, halbieren, entsteinen und mit der Schnittfläche nach oben bis zur Kante in die Masse drücken. Die Muffins im Ofen auf der mittleren Schiene 25 bis 30 Minuten backen.

Zutaten für 12 Stück

Für die Mandelmasse:
80 g Mehl
1/2 TL Backpulver
70 g gemahlene Mandeln
100 g Cantuccini
(ital. Mandelkekse)
100 g weiche Butter
70 g Puderzucker
1 Msp. Vanillemark
Salz
1 Ei
2 Eigelb

Für die Zwetschgenmasse:
130 g Mehl
1/2 TL Backpulver
120 g Butter
120 g Puderzucker
Salz
1 Msp. Vanillemark
1 Msp. abgeriebene unbehandelte Zitronenschale
1 Ei
2 Eigelb
5 getrocknete Zwetschgen (oder Pflaumen)

Außerdem:
Butter für die Form
6 frische Zwetschgen

Angelika Schwalber empfiehlt

Für die herbstliche Kaffeetafel können Sie den Teig auch als Königskuchen backen. Dafür die Mandelmasse in eine gefettete und mit Mehl ausgestäubte Kastenform (25 cm Kantenlänge) spritzen. Dann die Zwetschgenmasse so einfüllen, dass die Mandelmasse an den Rand gedrückt wird. Den Kuchen im Ofen auf der mittleren Schiene 45 bis 50 Minuten backen.

Rosmarinherzen mit Honig-Creme-Trüffel

Zutaten für ca. 70 Stück

Für den Mürbeteig:
420 g Mehl
150 g Puderzucker
1 Msp. abgeriebene unbehandelte Zitronenschale
1 Msp. Vanillemark
Salz
1/2 TL Rosmarinnadeln (gerebelt)
2 Eigelb
300 g weiche Butter

Für die Trüffelfüllung:
300 g weiße Kuvertüre
200 g Sahne
50 g Honig

Außerdem:
Mehl für die Arbeitsfläche
200 g Zartbitterkuvertüre
Blütenpollen (aus dem Glas)

1 Für den Mürbeteig das Mehl auf die Arbeitsfläche sieben und in die Mitte eine Mulde drücken. Den Puderzucker mit der Zitronenschale, dem Vanillemark, 1 Prise Salz, dem Rosmarin und den Eigelben in die Vertiefung geben. Die Butter in Stücken am Rand verteilen. Alles mit den Händen rasch zu einem glatten Teig verkneten, zu einem Rechteck formen, in Frischhaltefolie wickeln und 2 bis 3 Stunden kühl stellen (siehe S. 94).

2 Den Backofen auf 180 °C vorheizen. Den Mürbeteig nochmals durchkneten, portionsweise auf bemehlter Arbeitsfläche 3 mm dick ausrollen und mit einem Herzausstecher (etwa 4 cm) kleine Herzen ausstechen. Auf ein mit Backpapier belegtes Backblech legen und im Ofen auf der mittleren Schiene 8 bis 10 Minuten backen. Herausnehmen und abkühlen lassen.

3 Für die Trüffelfüllung die weiße Kuvertüre hacken. Die Sahne aufkochen, den Honig dazugeben und die Kuvertüre darin schmelzen lassen. Jeweils 2 Plätzchen mit der ausgekühlten Trüffelfüllung zusammensetzen und fest werden lassen.

4 Die Zartbitterkuvertüre hacken, in einer Metallschüssel im warmen Wasserbad schmelzen und temperieren (siehe S. 97). Sobald die Plätzchen fest geworden sind, zur Hälfte in die dunkle Kuvertüre tauchen und mit den Blütenpollen bestreuen. Trocknen lassen und in gut verschließbaren Dosen aufbewahren.

Angelika Schwalber empfiehlt

Die Trüffelfüllung kann auch am Tag zuvor zubereitet werden. Zum Zusammensetzen der Plätzchen die Trüffelfüllung dann nur noch einmal leicht erwärmen.

Stollenschnecken mit Rosinen und Mandeln

Zutaten für ca. 60 Stück

Für den Mürbeteig:
210 g Mehl
75 g Puderzucker
1 Msp. abgeriebene unbehandelte Zitronenschale
1 Msp. Vanillemark
Salz
1/2 TL Stollengewürz
1 Eigelb
150 g weiche Butter

Für die Füllung:
50 g Orangeat
50 g Zitronat
200 g Rosinen
100 g Mandelstifte
2 EL Rum

Für die Glasur:
Saft von 1/2 Zitrone
ca. 100 g Puderzucker
4–5 EL Aprikosenkonfitüre
6 EL gemahlene Pistazien

Außerdem:
Mehl für die Arbeitsfläche

1 Am Vortag für den Mürbeteig das Mehl auf die Arbeitsfläche sieben und in die Mitte eine Mulde drücken. Den Puderzucker mit der Zitronenschale, dem Vanillemark, 1 Prise Salz, dem Stollengewürz und dem Eigelb in die Vertiefung geben. Die Butter in Stücken am Rand verteilen. Alles mit den Händen rasch zu einem glatten Teig verkneten, zu einem Rechteck formen, in Frischhaltefolie wickeln und über Nacht kühl stellen (siehe S. 94).

2 Für die Füllung Orangeat und Zitronat hacken und mit den Rosinen, den Mandelstiften und dem Rum mischen. Zugedeckt ebenfalls über Nacht ziehen lassen.

3 Am nächsten Tag die Früchte-Mandel-Mischung mit einem Messer sehr fein hacken oder im Blitzhacker zerkleinern.

4 Den Mürbeteig nochmals durchkneten und auf der bemehlten Arbeitsfläche zu einem Rechteck (40 x 30 cm) ausrollen, mit den Früchten bestreuen und längs halbieren. Die Teigstücke von der Längsseite her zu je einer etwa 3 cm dicken Rolle aufrollen und kühl stellen.

5 Den Backofen auf 180 °C vorheizen. Die Rollen in 1/2 cm breite Scheiben schneiden und flach auf ein mit Backpapier belegtes Backblech legen. Im Ofen auf der mittleren Schiene 8 bis 10 Minuten backen. Herausnehmen und abkühlen lassen.

6 Für die Glasur den Zitronensaft mit so viel Puderzucker verrühren, dass eine streichfähige Glasur entsteht. Die Aprikosenkonfitüre erwärmen und glatt rühren. Die Schnecken zuerst mit Konfitüre, dann mit der Zitronenglasur bestreichen. Die Ränder mit den gemahlenen Pistazien bestreuen. Die Stollenschnecken trocknen lassen und in gut verschließbaren Dosen aufbewahren.

Angelika Schwalber empfiehlt

Am besten schmecken die Schnecken, wenn sie ein paar Tage in den Dosen durchgezogen haben. Wer es nicht ganz so süß mag, lässt die Glasur weg und bestäubt stattdessen die Stollenschnecken leicht mit Puderzucker.

PFLAUMENHERZEN MIT MARZIPANNOUGAT

Zutaten für ca. 90 Stück

Für den Honigkuchenteig:
110 g Honig
40 g Zucker
35 g Butter
1 Eigelb
1 Msp. abgeriebene unbehandelte Zitronenschale
1 TL Kakaopulver
1/2 TL Lebkuchengewürz
170 g Mehl
1/2 TL Hirschhornsalz
1 Msp. Pottasche
2 EL Milch

Für den Marzipannougat:
150 g Marzipanrohmasse
50 g weiche Butter
50 g weicher Nussnougat
4 EL Pflaumenlikör

Außerdem:
Mehl für die Arbeitsfläche
200 g Zwetschgenkonfitüre
400 g Zartbitterkuvertüre

1 Zwei Tage im Voraus für den Honigkuchenteig den Honig, den Zucker und die Butter in einem Topf langsam unter Rühren erwärmen, bis sich der Zucker vollständig aufgelöst hat. Die Masse wieder etwas abkühlen lassen.

2 Das Eigelb, die Zitronenschale, das Kakaopulver und das Lebkuchengewürz dazugeben und mit den Quirlen des Handrührgeräts unterrühren. Danach das Mehl unter die Honigmasse rühren und mit den Händen gut in den Teig einarbeiten.

3 Das Hirschhornsalz und die Pottasche jeweils in 1 EL Milch in kleinen Tassen auflösen. Erst das Hirschhornsalz, dann die aufgelöste Pottasche gleichmäßig unter den Teig kneten. Den Teig in Frischhaltefolie wickeln und 24 Stunden im Kühlschrank ruhen lassen.

4 Am nächsten Tag den Backofen auf 190 °C vorheizen. Den Teig kurz von Hand durchkneten und auf der bemehlten Arbeitsfläche 2 bis 3 mm dick ausrollen. Mit einem Herzausstecher (4 cm) kleine Herzen ausstechen und auf ein mit Backpapier belegtes Backblech legen. Im Ofen auf der mittleren Schiene 8 bis 10 Minuten backen. Herausnehmen und abkühlen lassen.

5 Für den Marzpiannougat die Marzipanrohmasse mit der Butter und dem Nougat verkneten. Den Pflaumenlikör nach und nach dazugeben und unterrühren. Die Masse in einen Spritzbeutel mit mittlerer Lochtülle füllen. Die Zwetschgenkonfitüre glatt rühren. Den Rand der Herzen mit dem Marzpiannougat bespritzen. Mit einem Teelöffel in die Mitte jeweils etwas Zwetschgenkonfitüre geben. Die Plätzchen über Nacht trocknen lassen.

6 Am nächsten Tag die Kuvertüre hacken, im warmen Wasserbad schmelzen und temperieren (siehe S. 97). Die Herzen damit überziehen und fest werden lassen (Rezeptfoto siehe S. 150–151).

Angelika Schwalber empfiehlt

Für eine besonders schöne Optik 75 g Puderzucker sieben und mit 3 EL Eiweiß zu einem glatten Guss verrühren. Nach Belieben mit roter Speisefarbe einfärben. Sollte der Guss zu flüssig sein, noch etwas Puderzucker dazugeben. Die Pflaumenherzen mit vielen kleinen Zuckergussherzen verzieren. Trocknen lassen und in gut verschließbaren Dosen aufbewahren.

Register

A

B

C/D

E

F

G

H

I/J

K

L

M

N

O

P

Q

R

S

T

U/V

W

Z

Bildnachweis

StockFood/A. Hrbková: S. 92–93;
Susie Eising: S. 12, Step 1–4

Wegweiser zu den Sendungen 2011/2012

Folge 7

Folge 8

Folge 9

Folge 10

Alfons Schuhbeck

Meine Küchengeheimnisse 1 & 2

Alfons Schuhbeck
»Meine Küchengeheimnisse«
ISBN 978-3-89883-277-9

Jeder Mensch hat Geheimnisse, aber nicht alle wollen wir kennen. Die von Alfons Schuhbeck, Deutschlands Kochbuchautor Nummer 1, hingegen schon. Viele davon hat er bisher für sich behalten oder nur seiner »Kladde« anvertraut. Doch jetzt lässt uns der Meisterkoch teilhaben an seinen Rezepturen, seinen speziellen Garmethoden, seinen ungewöhnlichen Kombinationen, seinen außergewöhnlichen Würztechniken und seinem großen Erfahrungsschatz. Dabei ist es sein Ziel, die Küche einfacher zu machen und Rezepte zu kreieren, die sich leicht nachkochen lassen und die man verstehen kann. Denn nur, was man versteht, lässt sich mit Liebe umsetzen. Und nur, was mit Liebe gekocht wird, schmeckt am Ende auch. Schuhbecks Küchengeheimnisse sind ein Geschenk an alle, die mit Leidenschaft am Herd stehen.

Alfons Schuhbeck
»Meine Küchengeheimnisse 2«
ISBN 978-3-89883-296-0

Küchengeheimnisse und guten Geschmack gibt es rund um den Globus. Alfons Schuhbeck ist zwar als heimischer Koch in Bayern geerdet, allerdings auch bekannt dafür, dass er gerne in die Kochtöpfe der anderen schaut, weil »lernen bildet, und das ist besser als Einbildung«. So führt die Geschmacksreise den Sternekoch erst einmal ins benachbarte Österreich, um anschließend voller Respekt vor anderen Kochkulturen die Gaumenfreuden des europäischen Auslands (wie Italien oder Frankreich) zu testen. Und dann geht er in die weite Welt hinaus: Schmankerl aus den USA sind genauso dabei wie texanisch-mexikanische Küche oder etwa die Geheimnisse der asiatischen Kochkunst. Schuhbeck trifft die Weltküche, und was dabei herauskommt, ist immer einen »Touch bayerisch« – wie Alfons selbst sagt: »Ich koch nix nach, sondern ich greife Ideen auf und mach dann etwas ganz Eigenes daraus.«

ALFONS SCHUHBECK · ANGELIKA SCHWALBER

HERZHAFT & SÜSS

Raffiniert kochen und backen

Alfons Schuhbeck
Angelika Schwalber

**»Herzhaft & süß,
Raffiniert kochen und backen«**

ISBN 978-3-89883-257-1

Wenn die beiden bayerischen Urgesteine, der Münchner Sternekoch Alfons Schuhbeck und die preisgekrönte Konditormeisterin Angelika Schwalber, aufeinandertreffen, dann sprühen die Funken. Denn in der beliebten TV-Serie »Herzhaft & süß« des Bayerischen Rundfunks bietet die charmante Schokoladenspezialistin dem Küchen-Tausendsassa nicht nur mit Worten Paroli, sondern auch am Herd. Beide geben sich, wie sie kochen – herzhaft und süß, mal klassisch, mal raffiniert. Die Köstlichkeiten aus der Serie – vom Rehragout auf Bandnudeln bis zum Vitaminbrot mit Basilikumpesto, von den Aprikosen-Brioches bis zum Stollenkonfekt – sind nun zum Nachblättern und Nachkochen in diesem Buch gebündelt, mit einem herzhaften und einem süßen Teil. Beide enthalten jeweils über 30 Rezepte, die wunderbar miteinander kombiniert werden können. Denn nicht nur die TV-Serie beweist: Herzhaft und süß sind zwei Gegensätze, die sich wirklich mögen.